이길 수밖에 없는 무인카페 데이롱

젊은 나이에 부동산 투자&무인사업으로 90억대 부자되는 방법

이길 수밖에 없는 무인카페

데이롱

— DAYLONG —

이동건 지음

헤세의서재

'기적은 저절로 이루어진 것이 아니다. 비결은 오로지 남다른 성실과 미래를 준비하는 지혜를 가졌기 때문이었다.'

2년 전 여름 어느 날, 한 젊은이가 찾아왔다. 당시, 나는 치솟는 인건비로 자영업이 힘들어질 것을 예견하고 키오스크(KIOSK), 무인카페 머신을 개발하여 한참 성장 가도를 달릴 때였다. 그 젊은이는 딸아이와 동갑내기인 서른다섯 살이었는데, 대기업에 근무 중인 그는 안정된 직장을 버리고 나와서 창업을 하고 싶다고 했다.

처음에는 부모의 마음으로 말렸다. 사업은 아무나 하는 게 아니다, 사업은 생각보다 몇 배 힘들다고 과거의 내 기억을 회상하며 겁을 주었지만, 그는 사업하려는 의지가 확고했다. 얼마 뒤 대기업을 버리고 험난한 사업가의 길을 택한 그가 데이롱카페의 이동건 사장이다.

그 후 한주가 멀다 하고 퇴근 후 늦은 저녁마다 찾아와 이것저것 물으며 사업에 대한 진심을 보였다. 그렇게 무모하게 시작한 사업이 불과 2년 만에 데이롱을 안정궤도에 올려놓았다. 위험을 무릅쓰고 과감한 투자와 시장 개척에 도전하는 용기 있는 기업가인 이동건 사장님이야말로 코로나를 극복한 우리 경제의 힘이요, 자영업자의 살길을 밝혀주는 등불 같은 기업가라고 말하고 싶다.

이동건 사장님이 글을 써서 책을 내는 데는 여러 가지 이유가 있을 수 있다. 분명한 것은 '왜 실패했을까?', '어떻게 하면 성공할 수 있을까?'의 답을 아직도 찾지 못한 사람이 있다면 반드시 이 책에서 답을 찾아야 할 것이다. 또한, 이 책에 담긴 진솔하고 진한 감동의 이야기는 또 다른 자영업자가 성공 신화를 만들어 내는 데 필요한 정신적 자양이 될 것임은 물론, 힘겨운 경제난국을 사는 모든 사람에게 삶의 지혜와 희망을 안겨줄 것으로 기대한다.

아직 젊은 기업인인 이동건 사장님 앞날이 더 큰 성공으로 이어질지, 평탄한 길이 될지는 내가 장담할 수 없다. 그러나 그의 인내와 투지, 도전정신, 기업가 정신이 앞으로도 더욱 빛을 발하고 그가 믿는 하나님 은혜 가운데 세계 속의 기업인으로 성장 발전하여 이 땅의 많은 청년들에게 희망과 귀감이 되어주길 간절히 기원한다.

이 책에는 이동건 사장님의 화려한 승부수가 펼쳐지고 있다. 그 멋진 플레이에 여러분들을 초대하고 싶다.

이디엠에스 대표이사 정문식

이동건 성도의 책이 나왔다는 소식은 저에게 참 기쁜 소식이었습니다. 이동건 성도는 아버지의 연속된 사업실패와 가정의 어려움 속에서도 믿음으로 열심히 살아왔는데, 그의 어머니 정은주 집사도 낙심하지 않고 늘 기도에 힘써왔습니다. 그러기에 이동건 성도의 사업에 하나님이 주시는 은혜가 더욱 귀하게 여겨졌습니다.

이동건 성도는 법 공부를 하고 유학도 했지만 그가 꿈꾸었던 길이 아니었습니다. 그런 그가 하나님이 꿈꾸게 하신 길을 찾아 걸어갔고,

오늘날 무인 데이롱 카페 사업을 이루게 하였습니다. 하나님께서 이동건 성도를 향한 특별한 계획이 있으셨던 겁니다.

본서는 경기 불황 속에서 더 나은 미래를 꿈꾸지 못하는 수많은 젊은이에게 희망의 길을 보여줍니다. 어려운 현실 속에서 계속 느끼는 불안감을 리프레이밍을 하여 돌파한 삶의 이야기는 독자들의 인생에 변화를 주리라 확신합니다.

끝으로 이동건 성도를 통해 많은 사람에게 선한 영향을 주는 삶이 이루어지고, 또 이 땅에 선한 영향을 주는 많은 사람이 계속해서 세워지길 기도합니다.

한성교회 담임목사 도원욱

'추진력', '혜안', '상생하는 부자의 길'

이동건 대표를 대변하는 키워드이다. 이 책을 통해 쏟아부은 그의 열정과 핵심을 독자들도 꼭 함께 하셨으면 좋겠다. 앞으로가 더 기대되는 데이롱과 이동건 대표의 건승을 기원한다.

(주)스노우볼커머스 대표 원성태

이동건 대표가 추구하는 '부'는 경제력에서 나아가 결국 도울 '부(扶)'를 의미하지 않을까? 묵묵히 쌓아온 법무 지식과 시대의 흐름을 읽는 지혜, 탄탄한 추진력을 토대로 고객과 가맹점주 그리고 세상과 상생하는 진정성 있는 지금의 성공을 계속 이어나가길 바란다.

B 프랜차이즈그룹 본사 법무감사팀 남**

선배로서 그동안 10년가량 지켜보면서도 알지 못한 작가의 인생 스토리를 순식간에 느낄 수 있는 좋은 기회였습니다. 험난한 가정사와 27번의 이사를 통하여 역경을 겪었겠지만, 이것이 세상 사람들의 인생살이를 이해하고 특히 부동산과 경제에 눈을 뜨도록 하는 좋은 배움터가 된 것으로 보입니다. '경제적 자유', '시간적 자유', '운명의 자유'가 너무 마음에 와닿습니다. 이를 더 널리 퍼트리고 주변 사람들에게 활력소가 되고, 무인카페를 넘어 앞으로의 무궁무진하게 계획한 목표와 꿈을 꼭 이루시기 바랍니다.

법무법인 바른 파트너 변호사 이봉순

책 출간을 축하드립니다. 너무 멋지세요. 부동산 대표로서 용산 사옥을 중개해드릴 때 보니까 이동건 대표님은 보유자금이 타이트한 데도 용기 있게 매수를 결정했습니다. 계약 후 중도금을 이행할 때도 위기가 많았는데, 타고난 낙관적인 기질과 좋은 운으로 잘 극복하고 차분히 해결해나가는 모습이 인상적이었습니다.

아파트와 건물은 다르지만 아파트 투자에 성공한 경험이 바탕이 되어서인지, 일반적으로 부동산을 매매할 때 등기사항전부증명서 상에 압류로 되어있으면 매매를 기피함에도 불구하고 매수를 결정하는 대담함과 부동산을 바라보는 탁월한 안목에도 놀랐습니다.

33부동산을 처음 방문한 대표님께 젊으신데 건물을 사시다니 금수저냐고 제가 물었는데요. 아니라는 답변을 주셨지만, 설마 했는데 정말

부모님의 도움 없이 여기까지 오신 대표님께 존경을 표합니다. 나중에서야 대표님의 이런 저력이 어린 시절 훌륭한 어머니의 영향임을 알게되었습니다. 대표님은 자기 삶에 Why?, How?를 끊임없이 질문하고 멋지게 답을 찾아가고 있다고 봅니다. 또한 가맹점주가 성공할 수 있도록하는 데이롱의 수많은 시스템에서 다시 한번 놀랐습니다.

이 책은 시간과 경제적 자유를 희망하고 시드머니를 어떻게 만드는지 궁금한 사람과 직장 다니면서 최소한의 시간 투자로 추가 수입을 희망하는 분들께 적극 추천해 드립니다. 마지막으로 저자의 선한 영향력이 전파될 수 있기를 기원하며 대표님의 사회에 기여하고자 하는 마음에 박수를 보냅니다.

33부동산 대표 송현지

첫 직장 선배로서 같이 근무하였던 이동건 대표는 입사 초기부터 남다른 모습을 보였던 것 같습니다. 제가 오랜 경험으로 부동산에 관한 투자 방법 등을 티타임을 통해서 가볍게 이야기한 적이 있는데, 이 대표는 스스로 진지하게 체득하고 바로 투자로 실행에 옮겼으며, 부동산 투자의 맥을 정확히 짚어 1차 성공을 거두었습니다. 이를 기반으로 한 단계 더 업그레이드하여 '무인카페 Daylong'을 창업하여 성공 가도를 달리고 있는 모습은 젊은 세대들에게 'The frontier spirit'의 참모습을 보여 주고 있어, 같이 공유하고 소통하면 미래를 살아가는 데 정말 필요한 하나의 지침이 될 것입니다.

출간 진심으로 축하합니다.

동부건설 주식회사 (전) 수주영업팀 상무 이창훈

이동건 대표는 1998년 같은 반 동창으로 인연이 되었다. 이 대표의 결핍과 불안의 정도는 사실 몰랐다. 이 대표는 성장과 선한 영향력이라는 꿈을 품고, 그 누구보다 추진과 실행을 강조했으며 실천하면서 쌓인 모든 지식, 지혜, 데이터를 주변에 베풀었는데 이 자체를 스스로의 행복 기준으로 삼아왔음을 잘 알고 있다.

이 책은 더 많은 사람들에게 이동건 대표의 진정성 있고 살아있는 37년의 스토리를 들려주고, 선한 영향력을 전파하는 시작점이 될 것이라 생각한다. 창업을 고민하거나 재테크, 현금흐름 등의 니즈가 있는 모든 이들에게 새로운 무인 문화와 패러다임을 제시하고 성공의 지름길로 인도할 것이라 확신한다.

데이롱카페 이사 백영인

부와 욕심에 대해 조금 더 솔직해져야 하는 현대인들에게, 경제적 자유를 꿈꾸지만 선뜻 실천하지 못하는 보통의 사람들에게 이 책을 권합니다.

(주)나인에이엠 대표 신효준

우리 부모님 세대부터 현재의 20대까지, 남녀노소 불문 부의 흐름과 부의 법칙을 알고 싶다면, 이 도서가 독자분들을 그 지름길로 안내하리라 확신한다. 계속해서 앞으로 정진하는 내 친구 이동건 대표의 데이롱이 되길 응원하고 기도한다.

ㅣ제약회사 법무실 과장 이＊＊

"무인카페의 본질은 부동산이다."

남들과 다른 시선으로 세계를 바라보는 돈키호테 같은 작가의 계속되는 도전을 응원하며 '무인카페 데이롱'의 더 큰 성공을 기원합니다.

하나금융그룹 과장 정＊＊

삶에 대한 진지한 자세, 미래에 대한 열정, 그리고 새로운 도전을 이야기하는 이동건 대리의 반짝이던 눈은 평범한 회사 생활을 하던 동기인 나에겐 큰 즐거움이자 동기부여였다. 이젠 서로 다른 소속과 직함으로 각자의 길을 가고 있지만 데이롱카페를 통해 본인이 말했던 목표를 달성해가는 모습을 보면서 여전히 그에게서 동기부여를 받는다.

한 개인이 아닌 더 많은 사람들에게 선한 영향력을 전달하고자 하는 이동건 대표의 또 다른 도전에 응원을 보내며, 독자분들도 내가 이동건 대리에게 느꼈던 즐거움과 동기부여를 느꼈으면 좋겠다.

동부건설 주식회사 과장 김＊＊

나는 친구 따라 강남 간 사람이다. 이동건 대표가 부동산 투자를 권유했을 때 바로 실행했고 무인카페를 운영한다고 했을 때도 1호점 공사가 완공되기도 전에 바로 집 근처 목좋은 곳에 2호점 공사를 시작했다. 이동건 대표의 '부를 위한 진심'을 의심치 않았기 때문이다.

그런 의미에서 여러분들에게 이 책을 추천하고 싶다.

N그룹 과장 방**

이동건 대표가 이룩한 눈부신 업적을 보는 것은 같은 시대를 살아가는 동 나이대의 한 사람으로서 큰 기쁨이고 축복이었다. '경제적 자유'를 외치는 젊은 세대들은 많아졌다. 부동산, 자산 증식, 비트코인, 주식 등 미래가치에 투자해야 한다는 투자성향의 경제적 자유인들은 시장에 넘쳐났다. 이와 달리 이 책은 '현금흐름'에 집중하여 직접 행동으로 도전하는 젊은 기업가에 대한 이야기를 담았다.

이 책에서 나오는 이동건 대표의 도전 스토리, 기업 운영 노하우가 독자들에게 새로운 경험을 선사할 것이고, 이를 통해 대한민국 사회의 "열심히 일하라"는 기만을 종식 시키는 계기가 될 것이라 확신한다. 현상을 정확히 분석하고, 수요와 공급의 균형점을 찾는 이동건의 대표의 놀라운 행보는 앞으로도 계속될 것이고 현재 진행형이다. (주))데이룽을 무한히 확장하고 젊은 세대들에게 영감을 주는 이동건 대표가 되길 20년 동안 친구로서, 앞으로의 파트너로서 기도하고 응원한다.

A그룹 기획조정실 팀장 김**

37년 동안 무섭게 성장하는 친구를 보며 건강한 자극을 받고 있는 중이다. 이 책을 읽고 난 후, 생각을 행동으로 옮길 수 있었던 이동건 대표의 원동력에 대해 다시 생각해보는 계기가 되었다. 이 책을 통하여 두려움을 이겨내어 도전할 수 있는 용기를 얻길 바란다.

T그룹 과장 강**

빛나는 성공 곁엔 항상 빛나는 추진력이 함께 있었다. 이 책은 생각과 실행 사이의 부족한 2%를 채워줄 완벽한 인사이트와 용기를 일깨우는 도서. 망설이는 당신, 이 대표와 함께 빛나는 내일을 맞이할 준비가 됐는가?

P그룹 영업본부 과장 이**

'이렇게 회사의 노예이자 일개미로 죽을 것인가? 경제적 자유를 꿈꾸며 변화를 시도할 것인가?'

직장인이라면 한 번쯤 이 고민했을 것이다. 'High Risk, High Return'은 누구나 알고 있지만 선뜻 Risk를 감수하려고 하지 않는다. 이는 'How to take Risk'에서 답을 찾기 어렵기 때문이다. 우리는 이 책을 통해 이동건 대표의 'Risk-taking'에 대한 자세와 실행력을 엿볼 수 있다. 나 또한 20년 지기 친구로서 이동건 대표의 삶을 옆에서 지켜보고 배울 수 있었으며, 앞으로 계속 배울 것이다.

딜로이트 안진회계법인 과장 임**

부자를 꿈꾸는
그대에게

근래, 자본주의 사회인 우리나라에서 '돈'에 대한 사람들의 인식이 과거와 달리 크게 긍정적이고 개방적으로 바뀌고 있다. 과거에는 정형화된 초·중등 교육과 고등교육(대학교, 대학원 등)의 과정을 이수함과 동시에 직장을 다니거나 전문직을 선택하거나 또는 자영업을 하면서 돈을 버는 게 일반적이었다. 돈을 버는 방법과 버는 돈의 금액이 대략적으로 정해져 있었다.

지금은 그렇지 않다. 나이와 세대, 직업을 불문하고 다양한 방법과 루트를 통해 자기 자신의 능력과 기술, 매력 등을 발산함으로써 부자 반열에 오른 소위 신흥 부자들이 많이 생기고 있다. 그들의 '돈 버는 법'

은 경영, 재테크 책을 통해서도 그렇지만 유튜브, 인스타그램, 페이스북, 트위터, 카카오톡 등의 SNS에서 실시간으로 공개되고 있다. 일례로 창업과 사업을 통해 부를 이루는 방법, 재테크(부동산, 주식, 비트코인, 채권, 펀드 등)를 통해 자본과 자산을 불리는 방법, 유튜브와 인스타그램 또는 파워블로그를 통해 자본을 모으는 방법, 온라인 쇼핑몰과 해외구매 대행을 통해 사업소득을 버는 정보와 방법들이 가감 없이 공개되고 있다.

지금은 일반인들이 본인의 의지와 열정이 있다면, 그 정보를 활용하여 '돈'을 벌 기회를 낚을 수 있다. 전혀 새로운 방법과 루트를 통해 부자가 될 기회가 널려있다고 해도 무방하다. 지금 이 시각에도 어느 누군가는 참신한 방법으로 부의 추월차선에 오르고 있을 것이다.

요즘 사람들은 너나없이 돈을 좇지만 돈 그 자체를 위해서가 아니다. 경제적 자유와 더불어 궁극적으로 시간적 자유와 운명의 자유를 쟁취함으로써 진정한 행복을 얻기 위해서이다. 자본주의 사회인 우리나라에서 진정한 행복을 얻기 위해서는 부의 축적은 불가피하다. 진정한 행복을 위해 모든 사람들이 '돈'을 좇고 있다.

나는 정형화된 대한민국의 교육을 받았고 20대에 법조인의 꿈을 갖고 대학원까지 공부를 하고 미국 변호사 시험까지 수차례 치렀다. 적어도 29살까지는 남들보다 공부를 더 잘해야 하고 더 좋은 대학을 나오고 대기업에 취직하거나 전문직이 되어 고액연봉의 안정적인 직업군을 선택하는 것이 인생 최대의 성공이라고 생각해왔다.

하지만 소싯적부터 경험한 집안의 불안정한 경제 상황이 성인이 된 나를 그대로 내버려 두지 않았다. 성인이 된 내가 사회생활을 시작했을 때 생존본능이 꿈틀거리기 시작했다. 가만히 있다가는 또다시 경제적 불행의 굴레에서 헤어나오지 못할 것 같았다. 이때 내면에서 간절한 목소리가 울려 퍼졌다. 반드시 진정한 성공을 통해 부를 축적하여 경제적 자유를 누리고 싶다는 일념이 생겨났다.

이를 계기로 30살부터 부동산 투자를 시작했다. 이를 기반으로 현재는 설립한 지 1년 반 만에 연 매출 80억 원의 무인카페 데이롱의 법인 기업 대표가 되었다. 4년 내에 기업상장을 꿈꾸고 있다.

막상 엄청난 부를 축적한 사람을 대하면, 그 사람은 자신과는 상관없이 매우 특별한 사람이라는 생각이 들 수 있다. 그렇지만 나 '이동건'이라는 사람은 너무나 평범한 직장인이었고, 부동산 재테크를 하고 기업을 하여 큰 부를 축적했다. 나를 잘 모르는 사람은 내가 대단한 자본이 있어서, 혹은 특출난 재능이 있어서 이렇게 성공을 했나보다 생각할지 모른다. 실제로는 그렇지 않다. 나는 직장인으로서 월급을 저축한 돈을 시드머니로 삼아, 열정적으로 연구하고 도전적으로 시도한 끝에 지금의 90억대 부를 축적한 기업가가 되었다.

이 책에는 내가 직장인으로서 35억대 아파트 재테크에 성공하게 된

핵심 노하우를 4가지로 소개하고 있다. '생각과 공부는 깊게, 행동은 빠르게', '대출 레버리지 활용하기', '철저한 입지 분석', '타이밍 포착하기' 이것만으로도 많은 분들이 부동산 투자에 많은 도움을 받을 수 있을 것이다. 이러한 4가지 부동산 재테크 노하우는 곧장 사업의 기본기가 되어 주었는데, 현금 흐름의 수익 시스템을 찾던 내가 무인카페 사업을 할 때 큰 도움이 되었다.

또한 무인카페 사업의 성공요소 5가지를 소개해놓았다. '완벽한 입지분석', '차별화된 고품격 메뉴', '힐링감 주는 인테리어', 'AI기반의 원격제어 앱', '매장 매출 높이는 영업 비법'이 상세히 공개되었다. 이를 접하게 되면, 누구나 최소 노동의 무인카페로 월 수백만 원의 수익을 얻을 수 있겠다는 확신을 가질 수 있을 것이다.

부를 축적하고 싶지만 나이가 너무 어리다고 생각하는 분, 직장에 얽매여서 많은 부를 축적하는 게 불가능하다고 포기하는 분, 부동산 투자와 사업을 하고 싶은데 자본이 부족해서 힘들다는 분, 젊은 나이에 사업으로 수십억대 부를 축적하기가 힘들다고 생각하는 분은 반드시 이 책을 일독하길 바란다. 이 책의 한 페이지 한 페이지를 넘기다 보면, '나도 할 수 있다'는 자신감이 들 것이다. 그리고 이 책을 다 보고 난 후에는 가슴속에서 뜨거운 열정이 솟아오를 것이라 확신한다.

부디, 이 책을 통해 진정한 행복을 위해 부의 추월차선에 오르길 바란다.

드라마틱한 본사
꼬마빌딩 투자기

데이롱카페의 용산 본사 꼬마빌딩 투자 이야기를 할까 한다. 현재, 데이롱카페 사무실은 직원 12명이 근무하는 35평 규모인데 갈수록 회사가 커짐에 따라 더 큰 공간이 필요했다. 이에 따라 새로 사무실을 구해야 하는 것과 함께 만만치 않게 들어가는 임차비용이 적지 않은 부담이었다. 저축한 월급으로 투자하여 아파트 6채 35억 자산을 일구어낸 나는 자연스럽게 회사의 안전자산으로서 본사를 마련해야 한다는 생각이 들었다. 본사로 사용할 꼬마빌딩이 필요했다.

2022년 말에서부터 2023년 3월까지 나는 꼬마빌딩 관련 서적을 여러 권 보고 다시 한번 부동산 투자에 대한 의식 회로를 돌리며 곧바로 부동산을 알아봤다. 2022년 말부터 아파트와 함께 꼬마빌딩의 거래가 완전히 끊긴 상태였다. 촉이 딱 왔다. 지금 시점이 꼬마빌딩을 최저가로 살 수 있는 타이밍이라는 확신이 들었다. 그렇다고 수십억대 돈을 벌어놓은 상태는 아니었다. 데이롱카페의 매달 늘어가는 가맹점 수와 영업이익률 그리고 매출액 등을 따져 볼 때 충분히 꼬마빌딩을 매수할 여력이 있을 것으로 보았다.

하지만 기업가로서 투자를 할 때 레버리지를 활용할 수 없는 핸디캡이 있었다. 직장인일 때는 직장인 대출을 레버리지로 활용했었다. 그런데 데이롱카페가 법인 설립한 것이 2022년 6월 15일이므로 재무제표가 6개월밖에 안 잡혔기에 법인 대출이 가능하지 못했다. 재무제표가 1년이 되어야 법인 대출이 가능했다.

따라서 최대한 회사 유보금을 끌어모으고 내가 개인적으로 보유하고 있는 아파트 6채를 담보로 대출을 받는 것과 함께, 추후 구입할 꼬마빌딩의 건물담보대출(대출비율 60% 수준)로 꼬마빌딩을 투자하기로 했다.

자산가치의 상승 곧 시세차익을 중요하게 고려하여 여러 곳을 살펴보다가 용산을 찍었다. 용산이 가격이 좀 빠져도 엄청 비싼 곳이었다. 한 꼬마빌딩을 찾았는데 매매가 44억이었고, 평당 1억 원 정도였다. 등기부등본과 건축물대장을 찬찬히 들여다 보니까 유류분 소송이 걸려서 매물로 나온 것임을 확인할 수 있었다. 건물주 할아버지에게 그의 누나가 유류분 소송을 걸어서 법적으로 매우 조심스러운 매물이었다. 유류분 소송의 결과가 어떻게 나오느냐에 따라서 이 건물의 소유권 변동이 생기므로 선뜻 투자하기가 망설여지는 물건이었다.

꼬마빌딩 투자도 처음인 데다가 더욱이 소송 걸린 꼬마빌딩 투자는 무척이나 걱정스러웠다. 그래서 제휴된 대형 로펌인 법무법인의 변호사에게 법률 검토를 맡겼다. 담당 변호사 두 분이 가압류 해지가 될지 미지수여서 절대 그 건물을 구입하지 말라고 반대를 했다.

"새로운 등기권자가 이 건물을 안 판다고 하면 그냥 말짱 도루묵입니다. 넣은 돈 다 날아가니 절대 투자하지 마세요."

그분들의 판단은 변호사 특유의 보수적인 것이었다. 무엇보다 안전 지향이었다. 그런데 내 생각은 달랐고 많은 고민 끝에 결정을 내렸다.

"걱정해주시는 것은 고맙습니다. 그렇지만 사업가로서 내 스스로 결정을 할까 합니다. 저는 구입을 하겠습니다."

나는 리스크를 안고 충분히 투자할 만한 가치가 있다고 봤다. 소송에 걸린 건물이기 때문에 잘 팔리지 않아서 가치가 떨어질 수밖에 없다고 봤다. 여기에다 등기부등본을 떼보니까 건물주가 건물을 담보로 해마다 5~6천만 원 대출을 받았는데 알고 보니 생활비로 쓰기 위해서였다. 건물주는 현금이 쪼들렸던 것이다. 건물주는 조속히 건물을 처분하여 현금을 확보해야 하는 쫓기는 처지였다. 나중에 안 사실은 올해 두 자녀의 결혼이 있어서 더욱 현금이 필요한 상황이었다.

나는 매도자의 조급한 심리를 간파한 후 과감하게 딜을 걸었다.

"이 건물은 소송이 걸려 있어서 매도하가 쉽지 않을 겁니다. 38억이면 내가 구입하겠습니다."

건물주는 선택의 여지가 없이 내가 부르는 가격을 받아들였다. 6억을 깎아서 건물을 매입한 것이다.

꼬마빌딩을 매입한 것은 2023년 3월 21일이다. 이때 건물 가격의 10%인 3억 8천만 원을 계약금으로 내야 했는데 당장 회사에는 그만한 돈이 없었다. 처음 천만 원 넣고 10일 지나서 4천만 원을 내고 다시 10일 지나서 5천만 원을 지불하여 계약금으로 1억을 맞췄다. 결과적으로 계약금도 깎았다. 아슬아슬하게 데이롱카페 가맹점 사업 수입으로 들어온 돈으로 계약금을 해결했다.

그다음은 중도금이 문제였다. 보통 유류분 소송 결과가 두세 달 후 나오는데 그때 중도금을 지불하면 될 것이라고 예상했으므로 중도금 지불하기까지 두세 달의 시간적 여유가 있을 줄 알았다. 그런데 이게 웬걸 4월 말에 건물주가 유류분 소송에서 이긴 것으로 결과가 나와버렸다. 당장 중도금으로 필요한 것이 건물주가 법원에 내야 할 공탁금 5억이었다. 내가 건물주에게 5억을 주고, 건물주가 그 돈을 법원에 지불할 때 건물의 가압류를 해제할 수 있었다.

내 눈에 빨간불이 켜졌고, 돈을 마련하기 위해 열심히 뛰어다녔다. 데이롱카페 가맹점 수와 그 매출액이 계속 늘어나감에 따라 4월 27일에 1억을 마련할 수 있었다. 나머지 4억은 5월 10일까지 지불해야 했다. 한 달 내에 그만한 돈을 모을 길이 없었으므로 정해진 날짜를 어기고 두 번에 나눠서 2억씩 지불하기로 했다. 건물주가 중개법인을 통해 엄청 화를 냈다. 데이롱카페가 건실한 회사인 줄 알고 계약을 해줬더니 이런 식이면 계약 해지를 해야 하는 것이 아니냐고 했다.

계속해서 살얼음판을 걷는 것 같았다. 중도금으로 지불해야 할 큰 돈을 준비해야 했는데 8월 30일에 2억 7천만원이 어찌어찌 마련이 되었다. 남은 중도금 4억 7천만 원은 10월 13일과 10월 31일에 지불하기로 했다. 이 중도금은 또 어떻게 마련할까? 너무 스트레스를 받다 보니 담에 걸릴 정도였는데 신기하게 해결이 되었다. 기술보증기금(하나은행과 협약)에서 연락이 와서 대출을 해주겠다고 했다. 알고 보니 모 협력업체 대표님이 하나은행 지점장과 알고 있는 관계였는데, 데이롱카페를 운영하는 젊은 기업인으로서 나를 잘 소개해주었다. 이로써 아무 연고가 없는 사람이 갑자기 나타나서 도움을 주게 되었다. 현재 남은 중도금은 나눠서 지불하고 있다.

결과적으로 건물 매입의 중도금을 8번에 걸쳐 지불하게 되었다. 건물주가 한소리를 했다.

"건물이 무슨 쇼핑을 하는 것도 아니고 8번에 나눠서 중도금을 납부하는 사람이 어디 있소?"

그 다음에 잔금은 또 어떻게 해야 할까? 잔금은 2024년 5월 31일에 지불하기로 했다. 이때는 1년치 재무제표가 나오므로 법인 대출로 지불하기로 했다.

잔금 지불 시점도 참으로 절묘하게 운이 따라주었다. 계약 시점에서 일 년 지나서 잔금을 납부하는 것은 흔치 않은 일이다. 통상 일년 안에 계약과 함께 잔금 지불이 끝나기 마련이다. 자금이 넉넉지 않던 나로서는 일년 내에 잔금 납부를 하는 것은 상당히 힘들었다. 그런데 예기치 않게 운이 따라 주었다. 건물주 입장에서는 올해 12월을 넘겨서 매도를 해야 양도소득세 혜택을 누릴 수 있었다. 따라서 내년 5월 31일에 잔금을 받는 것을 딱히 반대하지 않았다.

결과적으로 본사 꼬마빌딩 투자는 기막히게 매 순간 운이 따라주었다. 꼬마빌딩을 팔려는 건물주의 처지와 건물을 사려는 나의 니즈와 자금 상황이 절묘하게 톱니바퀴처럼 맞아떨어졌다. 하나라도 어긋났더라면 계약이 중도에 해지될 수 있었지만 타이밍이 절묘하게 맞았다. 꼬마빌딩투자의 성과를 빼놓을 수 없다. 올해 3월에 계약했을 때 평당 8,800만 원이던 건물이 지금 10월에는 평당 1억 3천만 원이다. 건물 가격이 18억 원 정도 올라서 57억이 된다. 등기를 치지도 않았는데도 본사 건물로 매입한 꼬마빌딩이 가치가 1년도 안되는 사이에 크게 뛰었다.

앞으로는 어떨까? 본사 건물 1층에 데이롱카페 지점을 두면 이곳에서 매달 현금 300~400만 원의 현금흐름이 나오며, 지하 1층부터 4층까지 건물을 통으로 데이롱카페 사옥으로 사용할 예정이다. 또한 옥상은 루프탑으로 개방해서 바비큐 시설로 꾸며서 외부인들도 사용할 수 있게끔 상업공간으로 꾸밀 계획이다. 무엇보다 해당 부동산 가치의 상승이 기대된다. 본사 건물이 위치한 곳은 용산 북부인데 재개발, 재건축에 들어간다. 용산전자상가 일대가 전부 허물어지고 IT기업 입점과 더불어 주상복합건물이 들어오고 동네 자체가 천지개벽이 된다. 데이롱 본사 건물 옆에는 2024년 12월 준공 예정인 대학생 총연합회 기숙사 건물과 각종 시설물들이 생길 예정이다. 6천 명 수용의 기숙사, 체육시설 및 서울형 키즈카페 등의 문화시설이 들어온다. 그 일대 옆에는 오리온 본사가 있다. 이런 점을 토대로 할 때, 향후 본사 빌딩은 100억 원대까지 가격이 오를 것이라고 보고 있다.

본사 꼬마빌딩 투자는 나날이 성장하는 데이롱카페의 규모로 볼 때 반드시 필요한 선택이었다. 이를 위해 나는 충분한 자금 여력이 없는 상태에서 간절히 본사 건물을 매입해야 한다는 집념 하나만 가지고 밀어붙였다. 막상 꼬마빌딩을 구입한 후에는 긴장과 위기의 연속이었다. 그렇지만 저질러놓은 일을 수습하느라 나는 놀라운 잠재력의 힘을 발휘했으며, 이와 더불어 나의 진정성과 성실함을 알아본 분들이 도움의 손길을 내밀어주었다. 매 순간 드라마틱한 일들이 펼쳐졌다. 그런 끝에 꼬마빌딩은 2024년 5월에 잔금만 치르면 온전히 내 것이 될 수 있었다. 향후, 본사 건물을 발판으로 데이롱카페는 더 가파르게 성장해 나갈 것이다.

0 CONTENTS *0*

⊘ CHAPTER 1 ⊘

돈, 시간, 운명에
얽매인 직장인 생활

만족스럽지 못한
첫 월급

다소 늦은 나이인 29세에 사회에 첫발을 디딘 곳은 동부건설이다. 아버지가 중소 건설업체를 오랫동안 운영해오셨으니 어쩌면 내가 건설사에 다니게 된 것은 운명처럼 보인다. 내 가족에 대해 잘 모르는 분들은 아버지의 입김으로 내가 동부건설에 취직된 게 아니냐고 말하기도 한다. 사실과 달라도 너무 다르다. 내가 건설업계에 다니게 된 것은 절대 운명도 아니며, 아버지의 도움을 받은 것도 아니다.

원래 나는 단국대에서 법학과를 전공한 후 미국 유학을 갔었다. 그때가 23세였고, 그로부터 27세까지 미국에서 살았다. 내 집안은 절대 넉넉하지는 않기에 아버지와 어머니가 노후자금 및 은퇴자금까지 싹 모아서 간신히 유학 비용을 조달해주어서 가까스로 유학을 마치게 되었다. 당시 나는 로스쿨에 진학한 후 미국 변호사 시험을 준비했다. 나는 보란 듯이 미국 변호사가 되어 금의환향하고 싶었다. 어머니 또한 내가 변호사가 되기를 간절하게 바랐다.

"아들아, 장남으로서 꼭 변호사가 되어서 집안을 일으켜다오."

법학도인 나에게 변호사가 적성에 맞는 듯했고, 변호사가 내 꿈이라고 끊임없이 자기 암시를 줬다. 대학생이던 나는 미국 유학을 떠나 미국 변호사가 된 성공 스토리를 그린 홍정욱의 『7막 7장』을 보고 크게 감명을 받았었다. 나도 미국이라는 큰 무대에 나가서 당당히 미국변호사가 되어서 국제적인 활동을 하고 싶었다.

그 꿈을 이루기 위해 열심히 시험공부에 매달렸다. 3번 미국 변호사 시험에 응시했는데 3번째 시험에서 객관식 서너 문제가 틀리는 바람에 아쉽게 탈락하고 말았다. 3번째 변호사 시험에서는 무슨 일이 있어도 꼭 합격하기 위해 필사적으로 시험공부에 집중했기에 낙방에서 오는 좌절감은 너무나 컸다. 잠깐 책에서 손을 떼놓고 여유의 시간을 가져보았다.

이때가 2015년이었는데 어느새 내 나이가 29세였다. 그 나이면 안정된 직장을 가져야 하는 나이였다. 내 나이대의 젊은이들은 매일 아침 정장을 입고 회사에 출근하고 있었다. 한국에 있을 때 신림동의 고시낭인에 대한 신문기사를 자주 접했었다. 당시 나는 절대로 그렇게 되지 말아야 한다고 각오했었다. 차라리 다른 길을 가면 갔지 나는 결단코 자기 인생에 걸림돌이 될 뿐만 아니라 집안에 폐를 끼치는 고시 낭인이 되는 일은 없을 것이라고 생각했었다. 그런데 어쩌다가 내가 고시낭인이 되고 말았다.

점차 변호사 시험에 대한 회의감이 들었다. 나이 29세면 자기 앞가림을 스스로 해야 한다는 생각이 들었다. 더 이상 부모님에게 손을 벌리는 일이 있어서는 안된다고 자각했다. 이때, 이런 생각이 들었다.

'돈을 벌고 싶다. 자립하고 싶다.'

당장 호구지책을 세워야 했다. 그것도 그것이지만 돈을 벌어서 부모님에게 용돈을 드리고 싶었다. 어려운 경제 형편에서 미국 유학 경비를 대주시고, 또 변호사 시험 뒷바라지를 해주신 부모님을 생각할 때마다 울컥해지는 것은 어쩔 수 없었다. 이로부터 나는 그동안의 경력을 살려서 모 국제변호사 법무법인에 들어가서 3개월 간 인턴 생활을 했다. 변호사 신분이 아닌 일반인으로서 법무법인에 다니다 보니 힘든 것이 너무 많았다. 일은 산더미처럼 쌓여 있는데 비해 급여는 턱없이 적었다. 이게 과연 내가 평생의 업으로 삼을 만한 것인지 회의감이 들었다.

그해 10월 1일이다. 이날, 머나먼 길을 돌고 돌아서 번듯한 직장인 동부건설에 안착했다. 지금도 첫 출근 할 때의 설렘이 잊히지 않는다. 얼마간 인턴 생활을 거친 후에야 정규직 전환이 되었지만 직장생활이 무척이나 안정적이었다. 능력만 된다면 오랫동안 이곳에 근무해도 되겠다는 생각이 들었다.

나는 본사의 모 부서에서 공공기관 대상으로 입찰, 수주를 하고 계약을 하는 일을 맡았다. 회사에서 중책을 담당하기에 인재들이 모여 있는 곳이었다. 그런데 직장 생활에 대한 환상이 얼마 되지 않아 깨졌다. 나는 정규직으로 입사를 했지만 3개월 동안 급여의 90%만 받았는데 첫 월급 실수령액이 280만원 정도였기 때문이다. 직장에 다니기 전에 변호사를 꿈꿔 왔던 탓일까? 내 손에 쥐어지는 돈이 너무나 초라해 보였다. 만약 내가 미국 변호사가 되었다고 할 때, 같은 시간 일을 했을 경우 월급에 2~3배는 벌 수 있을 터였다.

더욱이 내가 받은 월급의 상당 금액은 부모님의 주택담보대출금의 원금과 이자를 상환하는 데 보태드려야 했다. 그러고 남은 금액으로 생활을 해야 하니 너무나 쪼들렸다. 사고 싶은 것 먹고 싶은 것 뭣하나 제대로 할 여유가 생기지 않았다. 고민이 깊어가고 있을 즈음 회사 부서 특성상 동종업계의 타 회사와 접대 회식을 갖게 되었다. 그 자리에는 과장님, 차장님이 있었다. 이분들은 내가 앞으로 노력해서 올라가야 하는 자리에 계셨다. 따라서 그분들은 상당히 경제적으로 여유로울 것으로 생각했지만 실상은 그렇지 못했다.

취기가 오른 차장님이 하소연을 했다.

"요즘 아파트 대출받은 것 갚으랴 아이 학원비를 내랴 허리띠를 졸

라매는데 너무 힘드네요."

과장님도 푸념을 했다.

"저도 집 월세를 내고 각종 공과금에 차 할부금를 내고 나면 남는게 없습니다. 저축할 엄두가 나지 않아서 아기를 낳을 생각은 꿈에도 하지 못하고 있어요."

옆에서 선배님들의 고충이 담긴 말을 듣게 되자 정신이 번쩍 들었다. 어찌 보면 차장님, 과장님의 말이 개인의 사소한 넋두리로 치부할수 있다. 실제로 그곳에 있던 다른 분들은 그것을 심각하게 받아들이지 않는 눈치였다. 나에게는 선배들의 말이 그냥 흘러가는 소리로 들리지 않았다.

나는 차장님과 과장님의 말을 듣는 순간, 불안했던 어린 시절이 떠올랐다. 연속된 사업실패로 술주정을 부리는 아버지와 걱정 한가득인 어머니 그리고 부모님의 눈치를 살피면서 초조하게 서 있는 어린 나의모습이 영화처럼 펼쳐졌다. 이 불안은 내게서 떠난 줄 알았는데 이제또다시 그것이 나에게 엄습해올 것이었다. 선배들의 그 말은 몇 년 후바로 내가 하게 될 말이었기 때문이었다. 내가 열심히 회사생활을 하여진급을 했을 때의 미래 모습을 선배님들이 실망스럽게 보여 주었다. 10년 뒤 내 미래가 매우 불안하게 느껴졌다.

내 속에서 본능적으로 이런 목소리가 올라 나왔다.

'월급만으로는 지향하는 바를 이룩하기에는 부족하다. 정말 이대로는 안 되겠다. 내가 정말 움직여야겠다.'

경제적 불안이 만들어준
생존본능

　동부건설에서 처음 받은 월급은 다른 회사와 비교할 때 적은 액수가 아니었다. 당시 나는 이십대(29세) 미혼자이었기에 적은 월급이나마 만족하면서 직장생활을 해나갈 수 있었다. 무엇보다 대졸자들이 취업이 되지 못하는 시국이었기에 이름있는 건설사에 취직이 된 나는 행운에 속한다. 시간이 약이라고 정해진 급여를 받다 보면 현실에 안주하게 되고 회사생활에 익숙해지게 된다. 그러다 보면 매너리즘에 빠진 채 월급쟁이로 그럭저럭 살아갈 가능성이 농후해진다고 생각한다.

　그런데 나는 여느 급여생활자들과 달랐다. 적은 월급과 선배들의 푸념은 곧바로 나에게 생존 위기감을 만들어주었다. 유복한 집안이거나 보통 큰 변화없이 평범한 가정환경 속에 자라난 사람은 경제적 생존

감각이 무뎌질 가능성이 많다. 앞으로 변화무쌍한 경제적 위기를 잘 깨닫지 못할 수 있다. 나는 경제적으로 계속해서 기복이 큰 환경에서 자라났기에 경제적 생존 감각이 발달해있었고, 그래서 발 빠르게 시대의 경제적인 흐름에 일찍 관심을 갖게 되었다. 어떻게 하면 내가 이 자본주의 사회에서 자본을 벌 수 있을까? 자본을 쥐락펴락 할 수 있을까? 라고 생각하면서 남다른 고찰을 해왔다.

현재, 나는 데이롱카페 사업으로 경제적 자유와 더 나아가 사회에 선한 영향력을 끼칠 수 있는 존재가 되기 위해 계속해서 성장을 하고 있다. 혹자는 내가 미국 유학파 출신이며, 아버지가 건설업을 하셨으니 부모님으로부터 경제적 지원을 받고 사업을 성공시킨 게 아니냐고 본다. 실제로는 전혀 그렇지 않다.

아버지의 건설업은 심한 부침의 연속이었기에 가정은 평온한 날이 많지 않았다. 모텔, 호텔 등을 건설하던 아버지의 사업은 여러 차례 부도를 겪었고 또 그것을 극복해 일어났다. 어린 시절을 회상해보면, 갑자기 아버지 차가 외제 차로 바뀌어 있을 때가 있었는데 이때는 아버지 건설회사가 잘 되고 있을 때였다. 이런 행복한 기억은 많지 않다. 우리 집은 내가 서른 살이 될 때까지 무려 27번이나 이사를 다녀야 했다.

악몽 같은 일도 있었다. 내가 초등학교 6학년 때 아버지의 사업 부도로 빚쟁이들이 집안에 들이닥쳐서 차압딱지를 붙이고, 험상궂은 해결사들이 거실을 드나들던 기억이 어제처럼 생생하다. 언젠가는 채권

자와 떡대 같은 남자들이 집안에서 행패를 부렸고, 이를 말리는 아버지와 다툼을 벌이기도 했다. 이 과정에서 식탁에 놓여 있던 라면이 엎어졌고, 라면 면발이 주방과 거실에 튀었다. 그리고 고래고래 험악한 욕지거리가 집안 곳곳에 울려 퍼졌다.

아버지와 어머니 사이가 좋을 리 없었다. 늘상 술마시고 늦게 들어오는 아버지는 어머니와 다투었다. 어머니는 원래 사립 어린이집을 여유있게 운영했지만 아버지 사업의 부도로 인해 처분하게 되었고, 이후 국공립어린이집을 운영해 나가셨다. 그런 가운데 기독교 신자인 어머니는 불안정한 가정에서 든든한 중심이 되어 주셨다. 항상, 두 아들(내가 첫째)이 바른 정서와 가치관을 갖고 자라도록 양육을 하시면서 기도를 해주셨다. 돌이켜보면, 내가 경제적으로 어렵고 또 평온하지 않은 집안에서 비뚤어지지 않게 성장할 수 있었던 것은 어머니의 기도 때문이라고 본다.

나는 초중고를 비롯해 대학생 때까지 학창 시절 내내 모범적인 생활을 해왔다. 초등학교 때는 전교학생회장을 했으며 중고등학생 때는 학급 반장을 했을 뿐만 아니라 대학생 때는 법학과 과대표, 학회장을 맡았었다. 나를 아는 많은 사람들은 내가 바르게 행동하고 리더십이 뛰어나다는 것을 떠올린다. 실제로 나는 그랬다. 적어도 집 밖에서는 그것이 나의 본 모습이었다.

그런데 집 안에서는 내 모습이 다르게 변했다. 불안한 가정이다 보니, 집에만 오면 기운이 축 빠졌고 암담했다. 언제 또 큰일이 벌어질지 모르기에 늘상 살얼음판을 걷는 날이 이어졌다. 아버지 사업 실패로 인해 수없이 이사를 해왔으므로 또 언제 이사를 가야 할지 모른다는 생각에 초조감이 떠나지 않았다. 오늘은 아버지와 어머니가 언성을 높이지 않고 조용하게 지나갈 수 있는지에 대한 걱정도 많이 있었다.

가정의 불화와 불안정함 그리고 아버지 사업의 계속된 실패로 인한 노이로제가 나의 10대 때만 있었던 것이 아니다. 서른 살이 다 되어갈 때 또다시 아버지가 부도를 내어 나의 앞길까지 막막한 상황으로 몰고 가서 우울증이 생길 정도였다. 나는 불과 5년 전까지 불안함과 불행이 연속이 된 삶을 살아왔다. 이 결과로 불안함이 내 잠재의식 깊이 뿌리 내리게 되었다.

늘상 초조하고 긴장하며, 마음 편하게 웃을 수 없고, 무언가에 쫓기는 듯한 기분. 이것이 불안이다. 이 불안이 학교에서도 집에서도 그리고 꿈속에서도 떠나지 않았다. 이러한 집안의 경제적 문제로 생긴 불안으로 인해 저절로 나는 경제적 안정을 위한 생존본능을 키우게 되었다. 어디서 무엇을 하든 나에게 제일 중요한 것은 경제적 안정이었다. 그래서 경제적 안정이 보장되느냐 안 되느냐를 누구보다 민감하게 그리고 민첩하게 파악하는 본능을 가지게 되었다.

하지만 내 꿈이 경제적으로 안정적인 미국변호사였는데 그것을 이루지 못했다. 이후 사업은 소득이 불안정하다는 생각을 갖고 있었기에 동부건설에서 직장생활을 시작했다. 그런데 앞서 언급했듯이, 현재의 직장에서도 경제적 안정을 보장할 수 없다는 불안이 엄습했다. 나는 자라나면서, 경제적으로 불안정한 가정이 얼마나 괴롭고 힘든 것인지를 뼈저리게 경험해왔다. 따라서 현재 직장의 월급만으로는 나의 불안을 잠재울 수 없었다. 생존본능으로서 대책을 마련하기에 이르렀다.

나는 기복이 큰 불안한 삶을 살아왔다. 항상 예측 불허의 변수로 불안정했던 삶의 패턴 속에 살아왔기 때문에 경제적 안정을 통해 진정한 행복을 얻고자 하는 생존본능과 강한 신념이 생겨났다. 이것이 나로 하여금 남보다 이른 나이에 경제적 자립과 안정을 확고하게 다질 수 있게 만들었다. 경제적으로 불안한 분들이 많을 것이다. 때로는 불안이 미래의 큰 위기를 막게 만드는 원동력이 되어 생존본능을 강화한다.

나를 버티게 해준 힘, '리프레이밍'

"매우 리더십이 뛰어나고 교우관계가 좋습니다."

"상당히 믿음직스럽고 책임감이 넘치네요."

이는 내가 학창시절부터 지금까지 사람들로부터 받아온 평판이다. 나를 만난 사람들은 하나같이 내 인성을 호의적으로 평가한다. 이러한 내 인성이 직장을 다닐 때 많은 도움이 되었다. 회사 재직시절 나는 일을 엄청 잘하고 바로바로 성과가 나오는 타입은 아니었지만 적어도 팀과 더 나아가 회사라는 조직을 위해 최선을 다해 긍정적으로 담당업무를 해결해나갔다. 또한 궂은일도 있었고, 실적으로 인정받지 못하는 업무들도 많았지만 내가 할 수 있는 범주 내에서 맡은 임무를 다하곤 했다. 동료들과의 관계도 잘 맺었는데 팀원은 물론 타부서와도 원활한 소통을 통해 일을 잘 처리하곤 했다. 퇴사 이후 사업을 하는 지금까지 같이 일했던 동료들과 연락하고 지내고 있다.

앞서 소개했듯이 나는 아버지의 사업 부도로 인해 생긴 불안감을 항상 느껴왔다. 그런데 나는 초등학교 학생회장, 중고등학교 학급반장, 대학교 과대표, 학회장을 맡았다. 리더 역할은 누가 억지로 하라고 해서 할 수 있는 게 아니다. 기본적으론 품행이 모범적이어야 하며 사람을 따르게 하는 리더십이 뒷받침이 되어야 한다. 어떻게 아버지 사업의 부침으로 인해 늘상 불안한 가정에서 자랐던 내가 책임감 있고 리더십 있는 방향으로 자라나게 되었을까?

이는 전적으로 어머니 덕이다. 자립심이 강하시고 정신력이 엄청나셨던 어머니의 영향을 받아서인지 결코 불안감에 짓눌리지 않았다. 경제적으로 어렵고, 부모님이 자주 다투시고, 또 자주 이사를 했다. 하지만 나는 어머니의 기도와 자식에 대한 전적인 희생, 애정 어린 양육 그리고 올바른 교육에 대한 가치관 속에서 흐트러짐 없이 바르게 자라났다. 그래서 집에 들어왔을 때는 의기소침했지만, 밖에서는 늘상 리더의 이미지로 주위 사람들에게 각인이 되어 있었다.

훗날, 사회생활을 하다 보니 나의 경우는 보편적이지 않다는 것을 알게 되었다. 경제적으로 어렵고 불안한 환경에서 자라다 보면 불가피하게 바르지 않은 인성이 형성될 가능성이 있다. 일부 범죄를 저지르는 청소년들을 살펴보면, 가정환경이 좋지 않은 경우가 있다. 악행을 저지르는 성인도 어린 시절 좋지 못한 환경에 자라났던 사실을 변명으로 늘 어놓는 경우가 있다. 그만큼 어린 시절의 환경은 한 사람의 인성 형성에 지대한 영향을 미친다. 이에 비춰볼 때 불안한 가정에서 자라난 나는 리더는커녕 소극적이고, 대인관계가 좋지 못한 사람으로 성장할 가능성이 많았다. 그런데 나는 보시다시피 믿음직한 사업가로 성장하고 있다.

어린 시절, 불안정한 가정환경이라는 프레임이 나를 짓눌렀었다. 이러한 프레임은 나를 위축시켜서, 매사를 부정적으로 바라보고 또 수동적이고 패배적인 가치관을 갖도록 만들게 유도했다. 분명히 내가 초조하고 긴장하면서 살았던 집안의 공기에서 분명히 그것을 온몸으로 느꼈다. 그런데 기독교 신자이던 어머니가 늘상 하는 이 말이 나로 하여금 불안의 프레임에 갇히게 만들지 않았다.

"어디 가서 주눅 들지 말고 항상 이 어미가 기도한다는 것 잊지 말고 책임감 갖고 생활해라."

"항상 어려움을 극복해내고 사람들에게 좋은 영향력을 끼치는 훌륭한 사람이 되거라."

이는 심리학적으로 보면, '리프레이밍(reframing)'이다. 어머니는 불안정한 집안 환경이라는 프레임을 그대로 인정하고 그것에 갇히지 않고, 그것을 깨뜨려버리고 새로운 관점으로 바라봤다. 어머니는 틀을 새롭게 한 것인데, 이것이 리프레이밍이다. 어머니는 부정적인 현실에 구속

되지 않고 적극적이고 낙관적인 사고를 나에게 주입시켜 주셨다. 이 리프레이밍이 리더십과 책임감이 강한 지금의 나를 만들어줬다.

리프레이밍은 긍정적인 마인드와 비슷한 측면이 어느 정도 있다. 사람들은 똑같은 상황과 조건에 다르게 반응한다. 목마른 사람에게 유리컵에 물을 반 채워서 줬다고 하자. 이를 보고 어떤 목마른 사람은 "물이 반만큼이나 채워져 있네"라고 말하는 반면에 어떤 목마른 사람은 "물이 반밖에 안 채워져 있네"라고 말한다. 전자는 긍정적인 표현이고, 후자는 부정적인 표현이다. 전자가 리프레이밍과 통한다. 스토아 철학자 에픽테토스는 말했다.

"우리를 불안하게 만드는 것은 사물이나 사건이 아니다. 그것을 바라보는 우리의 생각이 불안의 원인이다."

불안을 만드는 조건, 환경이 문제가 되지 않는다. 그것을 바라보는 사람의 태도가 중요하다. 살다 보면 누구에게나 불안을 몰고 오는 부정적인 프레임을 맞닥뜨리게 된다. 이때 그 프레임에 종속되면 건강하며 낙관적으로 성장하지 못한다. 이와 달리 그 프레임의 틀에서 벗어나 틀을 바꾸면 곧 리프레이밍을 한다면 불안에서 벗어나 건강하며 낙관적으로 성장하게 된다.

첫 직장의 월급은 기대만큼 많지 않았고, 미래에 대한 불안이 엄습해 왔다. 만약 내가 적은 월급과 불안한 미래에 주눅이 든 월급쟁이라면 아마 이렇게 대응하지 않을까?

"역시 나는 경제적 불안에서 벗어날 수 없나 봐. 가정에서 자랄 때도 그렇고 성인이 되어 직장에 다녀서도 그렇잖아. 나는 이렇게 살아야 할 운명인 것 같아."

나는 달랐다. 나에게는 어머니로부터 배운 리프레이밍이 있었다. 이를 통해 미래가 불안한 직장생활에 발 빠르게 대처해냈다.

"자라면서 경제적 불안과 빈곤이 얼마나 힘든 것인지를 잘 알고 있다. 또다시 그것이 내 인생을 지배하게 내버려 둘 수 없다. 이제는 내 스스로 경제적 안정을 개척해 나가야 한다."

사업을 하는 지금도 불안하기는 마찬가지다. 완벽한 성공을 거둔 상태가 아니고 무인카페 신규 사업으로 가파르게 성장해가고 있는 상황에서 어떤 변수가 생길지 모르기 때문이다. 사실 무인카페 가맹점 사업은 오랫동안 완벽하게 준비를 해온 것이 아니다. 3년 전 무인카페를 개인으로 운영했는데 매출이 좋아서 주변 지인들에게 하나둘씩 입지를 찾아주고 점포를 열게 도와주었다. 이때 모든 매장에서 매출이 잘 나오는 것을 확인했다. 이 과정에서 무인카페의 사업성을 몸소 체감했으며 내가 도전해야 할 사업이라는 확신을 갖게 되었다. 이후 짧은 시간 동안 무인카페 사업 노하우를 습득하고 가맹점 사업을 확장시켜오고 있다.

이 과정에서 새로운 분야를 개척할 때마다 불안을 느끼지만 그때마다 리프레이밍을 한다.

"블루오션이니까 크게 성공할 수 있다."

불확실한 미래로 인해 불안감이 찾아올 때는 이렇게 리프레이밍을 한다.

"안일해지지 않도록 항상 나를 단속하자."

따라서 전국에서 무인카페 데이롱카페 가맹점을 하려고 본사를 찾아온 예비 경영주님들은 나를 접하곤 무척이나 든든해 한다. 여러 차례 나를 만나서 책임감 있고 리더십 있는 행동을 살펴보면서 예비 경영주님들은 데이롱카페 브랜드에 대한 적극적인 신뢰를 보낸다.

진정한 행복을 가로막는
월급쟁이 마인드

바쁜 직장생활이 이어지는 동안 내내 머릿속에는 이 상태로는 안된다는 생각이 떠나지 않았다. 월급만으로는 절대적으로 부족했는데 단지 금액의 수치가 적다는 것이 아니었다. 그 월급만으로는 진정한 행복에 이를 수 없다고 보았다. 나는 아등바등 생존하는 것에 머물지 않고 경제적 자유의 카테고리 속에 진정한 행복함을 누리고 싶었다. 돈이 많아서 저절로 행복해지는 것은 아니다. 따라서 맹목적으로 돈을 좇아서 오는 행복을 추구하자 하는 것은 아니다.

사실 행복의 기준과 정의는 워낙 다양해서 딱 한 문장으로 정의하기에는 너무나 많은 의미들이 함축적으로 내포되어 있다고 생각한다. 그렇지만 내 생각에는 진정한 행복에 가까워지려면 적어도 3가지 자유

(경제적 자유, 시간적 자유, 운명의 자유)가 확보되어야 한다고 본다. 이는 다양한 서적이나 온라인의 좋은 글귀에 많이 회자되는 내용이기도 하다. 특히 요새 사회적 분위기를 감안하고 3가지 자유에 대한 현실적인 내용을 예로 들면 이럴 것이다.

경제적 자유를 누리려면, 서울 및 서울 근교에 아파트를 장만하고 여유롭게 은퇴 생활을 즐길 수 있어야 한다. 직장인 생활을 하는 동안에는 자식에게 과외를 마음껏 시켜주고 원한다면 유학을 보내 줄 수 있어야 하며, 그러면서도 어느 정도 저축을 할 수 있는 여유 자금이 있어야 한다.

시간적 자유를 누리려면, 워라벨이 가능해야 하며 원할 때 언제든지 여행을 떠날 수 있는 시간적 여유가 있어야 한다. 퇴근 후 시간에는 가족과 보낼 수 있는 시간이 확보가 되어야 하며, 자기계발을 위해 투자할 시간이 있어야 한다. 특히나 일을 하지 않는 시간에도 돈을 벌 수 있는 구조가 되어 있어야 한다.

운명의 자유를 누리려면, 자신이 하고 싶은 일을 선택할 수 있고, 그 일을 마음껏 할 수 있어야 한다. 늘 꿈꾸어왔던 삶이 있지만 여러 가지 제약으로 유보할 수밖에 없다. 하지만 그 제약이 없기에 소망하던 삶을 영위할 수 있다.

이 최소한의 세 가지 기준이 충족된다면 비로소 행복에 가까워질 수 있는 환경에 노출되지 않을까 생각한다. 결코 나는 막연히 엄청난 부를 축적하고 싶다는 허황된 생각을 품고, 그것이 행복이라고 생각하지 않는다. 특히나 매일같이 직장에 출근하고 야근에 시달리는 수많은 직장인들은 더 그럴 것이다. 하루하루 사랑하는 사람과 소확행을 챙겨가며 살아가면서 경제적으로, 시간적으로, 운명적으로 조금씩 나은 삶으로 나아가는 데서 행복을 느끼는 부류가 적지 않을 거라 생각한다.

실제로 일부 직장인들은 부업이나 재테크에 관심을 많이 갖고 그에 따라 실천하고 있다. 부족한 월급으로는 안정된 미래를 보장할 수 없으며 진정한 행복에 이를 수 없다는 사실을 직시하고 있다. 물론 여기에 내가 끼어 있었다. 하지만 대다수 직장인들은 적은 월급을 받으면서 그냥 현실에 안주하는 경향이 있다. 또는 재테크나 창업 또는 사업을 생각해도 현실의 벽에 무너져서 포기할 수밖에 없는 상황을 마주하기도 한다. 이들에게는 진정한 행복이 요원하지 않을까?

미래가 불안한 데도 아무런 대책을 세우지 않는 직장인들에게는 공통된 월급쟁이 사고방식이 있다. 이러한 사고방식으로는 결코 불안한 미래의 운명에서 벗어날 수 없다. 직장인들로부터 진정한 행복을 제한하는 '월급쟁이 마인드 6가지'는 이렇다.

❶ 변화를 꺼려하며 지나친 현실주의와 비관주의 성향을 띄고 있다.
❷ 주어진 현실과 틀에 안주하며 일한다.

❸ 대출은 무조건 나쁜 것이라고 생각한다.

❹ 물건에 돈을 쓴다(소비로 스트레스 푸는 것).

❺ 100점만 채우기에 나태해진다.

❻ 스스로 경제적 자유를 이룰 수 있는 가능성의 문조차 열어 두지 않는다.

변화를 꺼려하고 현실에 안주하는 사람은 시장의 지배자에게 이용당할 뿐이다. 이들은 미래에 대해 비관주의적 성향을 가지고 있는데 월급에 목매어 평생 뼈 빠지게 일하게 된다. 보너스를 달콤한 보상으로 알고 그것을 행복이라고 착각한다. 이 과정에서 직장의 틀과 규칙에 안주하게 되므로 경제적 자유는 요원하다.

이와 더불어 은행 대출을 부정적으로 보는 시각은 어떠한 재테크와 사업도 시작하지 못하게 만든다. 월급쟁이에서 탈피한 부자와 사업가들은 하나같이 은행 대출을 축복과 신용으로 여기고 레버리지로써 적절히 이용하고 있다. 지렛대 없이 혼자 힘으로는 결코 집채만 한 바위를 들어올릴 수 없다. 태생부터 많이 가진 자산가 부류와 시장을 지배적으로 점유하고 있는 기존 사업가 부류를 추월하기에는 현실적으로 불가능에 가깝다. 그리고 여유 있을 때마다 구입하는 소비재와 물건은 결국 감가상각이 되어 경제적으로 마이너스가 된다. 차라리 그 돈을 시드머니로 모으는 데 보태고 미래를 위한 정보에 투자하는 것에 우선순위를 둬야 한다.

직장에서는 정해진 범주 안에서 최대 점수 100점을 달성하고 정해진 급여를 받는다. 급여를 받게만 된다면 만사 끝이기에 더 이상 노력하지 않아 나태해진다. 그러나 직장 밖에서는 정해진 범주와 최대 점수라는 것이 없기 때문에 그 이상을 목표로 본인의 세상에서의 존재 이유를 증명해야 한다. 또한 경제적 자유의 가능성을 포기하면 결코 경제적 자유를 얻을 수 없다. 아무리 가능성이 적더라고 경제적 자유를 향해 다양한 시도를 해야 한다.

불안한 미래의 운명에서 벗어나려면 '월급쟁이 마인드 6가지'가 다음과 같이 '사업가 마인드 6가지'로 바뀌어야 한다.

❶ 독서하고 좋아하는 일에 집중하면서 변화한다.

❷ 본인이 스스로 주체적인 틀과 기준 자체를 만든다.

❸ 대출은 신용과 레버리지라고 생각한다.

❹ 생산성 정보에 투자를 한다.

❺ 100점 이상을 목표로 노력한다.

❻ 경제적 자유를 이룰 수 있는 가능성의 문을 열어둔다.

나는 직장생활를 하면서 수많은 책을 읽고 공부했다. 재테크, 경영, 자기계발서, 인문교양서 등 수백 권의 책을 읽는 것과 함께, 유튜브를 시청하면서 그 내용을 나의 것으로 내면화시켜왔다. 직장인들이 월급쟁이 마인드를 탈피하기 위한 성장 마인드셋을 가지려면 무엇보다 독서를 하는 게 좋다. 개인적으로 많은 독서를 통해 저자와 독대하는 기분을 음미했다. 그러면서 나보다 먼저 내가 원하는 길을 갔던 저자 그러니까 원하는 것을 이룩한 분 곧 성공한 분의 스토리에 깊이 빠졌었다. 성공스토리에 집중하고 되새기면서 나한테 맞게 소화하고 또 생각 정리를 했으며, 내가 어떤 것을 좋아하고 무엇을 할 때 행복한지 진지하게 고민을 하면서 변화를 꾀했다.

이와 더불어 새로운 틀과 기준을 정립했으며, 재태크와 사업을 위해 대출이 필요하다고 보는 것과 동시에 가치 있는 정보에 많은 투자를 했다. 이 과정에서 100점 이상을 목표로 계속해서 노력했으며, 경제적 자유의 가능성을 크게 열어 두었다. 서서히 나는 변하기 시작했다.

"나는 성장하고 있다. 어제보다는 오늘, 오늘보다는 내일 더욱더 내 자신이 주체가 되는 인생을 한번 살아보겠노라. 온전히 경제, 시간, 운명으로부터 자유로워져서 진정한 행복을 얻을 것이다."

이런 성장 마인드셋을 통해, 월급쟁이 마인드에서 완전히 벗어나 사업가 마인드로 무장이 되어갔다. 시간이 흐르면서 점차 나는 사업가가 되어 갔다.

직장생활에서
얻을 수 있는 것

비록 월급이 만족스럽지 않았지만 당장 직장을 그만두지 않았다. 사회에 나온다고 해서 뾰족한 수가 없었기 때문이었다. 매일같이 정해진 시간에 회사에 출근하여 늦게까지 일에 매달려서 매달 따박따박 받는 월급말고는 별다른 수입을 찾을 수 없었다. 오랫동안 미국 변호사 시험에 매달린 끝에 이제야 건설사에 취직한 나로서는 진정한 행복, 경제적 자유를 위해 당장 행동을 취할 준비가 전혀 되어 있지 못했다. 그래서 2021년 10월까지 만 6년여 직장생활을 이어갔다. 후술하겠지만 이 재직 기간에 나는 완전히 경제적 안정을 이룬 사업가로 탈바꿈했다.

누군가는 이런 질문을 해온다.

"일찍 퇴직을 해서 사업을 했으면 일찍 더 크게 성공하지 않았을까요? 굳이 6년간 월급쟁이가 되어야 했습니까?"

이에 대해 내 의견을 드리고자 한다. 본격적으로 사업하기까지 나는 6년 동안 회사생활을 했다. 이 기간이 생긴 것은 내 성격이 우유부단했기 때문이 아니다. 물론 그렇다고 '딱 6년만 회사를 다니고 사업을 준비해야겠다'라고 처음부터 계획한 것은 더더욱 아니었다. 결과적으로 지금 이 기간을 돌이켜보면 내가 온전한 사업가로 성장할 수 있는 자양분이 되었던 소중한 시간이었음을 확신한다.

요새 SNS든 각종 미디어나 신문기사를 보면 너도 나도 "퇴사하라", "창업하라" 하면서 파이어족, 경제적 자유 등이 크게 강조되는 듯하다. 이에 따라 퇴사 이후의 삶을 긍정적으로 조명 하고 있는 듯하다. 나는 이에 대해 조심스럽게 접근하고 싶다. 회사 다니는 분들이 진정한 행복과 경제적 자유를 위해 아무런 준비 없이 회사를 그만두는 일이 없어야 한다고 본다. 자칫 도피성 퇴사가 될 가능성이 많다.

내 경험상 직장생활에서 훗날 퇴사 후 사업을 할 때 큰 도움이 되는 것을 얻을 수 있다고 본다. 그것은 바로 조직생활을 하면서 다양한 사람들과 관계 맺는 능력이다. 이 능력을 얻기 위해, 진정한 행복 곧 경제적 자유를 꿈꾸는 분들은 꼭 어느 조직에 들어가서 조직 생활을 일정 기간 해보라고 말하고 싶다.

직장이라는 곳에 오랜 기간 근무하면서, 다양한 사람들과 관계를 맺을 수 있다. 출신학교와 성격 그리고 고향과 나이가 천차만별인 사람들이 직장이라는 곳에 하나의 목표를 위해 모여 있다. 그 목표는 회사의 성장이며, 그것을 위해 조직원들은 일사불란하게 움직이고 원활하게 의사소통을 해야 한다. 나와 다른 생각과 가치관, 성격, 성향을 가진 사람들과 같이 제한된 집단속에서 정해진 규칙과 룰에 따라 공동의 목표를 위해 일을 해보기도 하고 그 와중에 의견충돌이 생길 때는 의견을 절충해가는 경험을 해야 한다. 이를 통해 여러 성향의 조직원들과 함께 문제를 해결해보고 결과물을 도출해내는 경험을 갖는 것이 중요하다고 생각한다.

물론 요새는 조직 생활과 사회생활 경험 없이 일찍부터 사업을 시작한 영앤리치분들이 많다. 이들은 혼자 힘으로 큰 자본을 벌 수 있는 능력을 장착해서 이른 나이에 경제적 자유를 이룩했다. 이런 분들은 매우 예외적인 경우다.

일반적인 관점에서 볼 때 사업을 해서 경제적 자유를 얻고자 하는 분들은 반드시 조직 생활을 하는 것이 바람직하다. 다양한 사람들과 부대끼고, 의견을 나누고, 마찰 속에서 하나의 의견을 도출해내는 경험이 훗날 사업의 밑거름이 된다.

국민 메신저 카카오의 김범수 회장은 처음부터 창업을 하지 않았다. 그는 대학원을 졸업 후에 삼성 SDS에 취직해 6년여간 근무했다. 이때 컴퓨터 언어를 깊이 있게 공부를 했는데 이것이 창업의 원동력이 되어 주었다. 직장에서 얻은 게 이것뿐일까? 그는 창업 후에 수많은 구성원들이 모여 있는 회사를 이끌어가기 위해, 조직 생활을 통해 다양한 사람들과의 관계 맺기하는 능력을 길렀을 것이 틀림없다. 그가 연구실 안에서 개발만 했다면 오늘날의 카카오가 만들어지지 않았다. 그는 기업가로서 직원들과의 소통, 임직원과의 의견조율, 그리고 대외적으로 타 기업체와의 협상 등을 하는 능력을 습득했다. 그는 말했다.

"글로벌 조직문화를 가진 기업을 만들어 가는 일이 결코 쉽지 않습니다. 직원들 간의 의사소통과 문화적 이해가 단시간에 이뤄지는 것이 아닙니다. 우리도 일본에서 여러 시행착오를 거쳤습니다. 그러나 글로벌 기업으로 성장하기 위해서는 매우 중요한 일입니다."

그는 조직문화와 의사소통을 위해 많은 노력을 하고 있다. 이 과정에서 자신이 가진 틀을 깰 수 있는 사람들을 많이 만난다고 한다. 사람들은 계속 틀에 갇히는데 그걸 깰 수 있는 뭔가가 필요하다고 한다. 이만큼 사업을 하기 위해서는 조직 생활을 통해 다양한 사람들과의 관계 맺기 능력을 기르는 것이 중요하다.

대부분의 사람들이 원해서건 아니면 불가피하게 직장의 조직생활을 하게 되어 있다. 당장 호구지책을 세우거나 꿈을 향해 나가야 하기 때문이다. 다달이 월급을 받아가는 직장생활 속에 정말 소중한 것을 배울 수 있는 기회가 있다는 것을 잊지 말자. 자신과 다른 생각, 가치관,

성격을 가진 사람과 원만하게 소통하고 관계를 맺는 능력을 배울 수 있다. 이 기회는 두 번 다시 찾아오지 않는다.

나의 경우, 전국현장에 있는 현장관리 담당자분들, 본사 타부서 및 팀원들과의 소통을 하고 의견을 조율했던 경험 그리고 타 회사와 입찰과 수주를 하고 계약을 맺었던 경험이 지금의 사업을 하는 데 큰 도움이 되었다. 그래서 직원을 어떻게 대하면서 어떤 식으로 소통을 해야 하는지, 그리고 가맹점주님들과 하나의 목표를 위해 어떻게 의견 조율을 이끌어내야 하는지를 잘 알고 있다.

처음 사업을 해본 사람들이라면 직원과 소통하고 직원 관리하기가 얼마나 어려운지 잘 안다. 아무리 사업 아이템이 좋고 매출이 많아도 조직 내부의 불통과 불화로 인해 사업 자체가 위기에 빠질 우려가 있다. 그러니, 진정한 행복과 경제적 자유를 꿈꾸는 분들은 기회가 있을 때 조직 생활을 통해 다양한 사람들과 관계 맺는 능력을 길러둬야 한다.

데이롱카페를 말한다 1

운명적인 만남, 최선의 선택!

우선, 저희 상황을 말씀드리겠습니다. 40대 맞벌이 부부로 노후 대비를 목적으로 대출을 상당히 많이 받고 상가에 대해 잘 모르면서 상가를 분양받았는데, 분양받은 얼마 후에 코로나19가 터졌지요. 그 당시에는 어디나 그랬지만, 하던 장사도 다들 접는 상황이었고 우리 상가는 시작도 못한 채로 이자만 나갔습니다.

남편과 저는 고민하던 끝에 직장을 그만둘 수 없으니, 직장생활을 하면서 상가 대출 이자 정도의 수익이라도 낼 수 있는 사업을 찾아보고자 했습니다. 그러다 보니 진입장벽이 높지 않은 무인카페에 눈을 돌리게 되었습니다. 진입장벽이 높지 않으니, 수익도 높지 않다는 이야기도 많이 들었으나 큰 수익보다 현재 우리의 어려움을 해결할 수 있는 정도라면 괜찮겠다는 생각으로 무인 카페를 선택하였습니다.

시간이 날 때마다 근처 무인카페에 가보았습니다. 지나가는 길에 무인카페가 보이면 들러서 커피를 먹어 보았습니다. 주말에는 일부러 네비게이션을 따라 무인카페 투어를 하기도 했습니다. 그 가운데 데이롱카페도 있었습니다. 집 근처 도보거리에 데이롱카페가 있었거든요. 남편이나 저나 시간적 공간적 제약이 있던 터라 광범위하게 조사하기보다는 창업박람회와 주변 무인카페를 주로 경험해보았습니다.

우리가 가장 중요하게 생각했던 부분은 커피 맛이었습니다. 우리 부부 둘 다 미각이 발달한 사람들은 아니지만 커피를 즐겨 먹는 직장인으로서 일반적인 입맛을 가지고 있습니다. 그래서 일반적인 우리의 입맛에 적당한 맛과 향을 줄 수 있으면 됐다고 생각을 했는데, 데이롱카페 커피가 가장 적합했습니다. 스페셜한 맛과 향을 구분해낼 수 있는 능력은 없습니다만 우리에게 "맛있다"의 느낌을 줄 수 있는 커피를 찾고자 했었는데, 데이롱카페가 가장 적당했던 것이지요. 물론 다양한 무인카페 프랜차이즈가 있는 것으로 알고 있는데, 그 많은 카페를 다 경험해보지는 못했습니다. 모든 것을 공부한 후에 결정할 수는 없겠더라고요. 2023년 "이제는 시작하자!"라고 생각했을 때, 당시 창업박람회에서 데이롱카페 부스를 운명적으로 만나서 상담을 하게 되었고 '최선의 선택'으로 데이롱카페를 정하게 된 것 같습니다.

데이롱카페를 운영하면서 좋은 점은 당연히 수익에 대한 부분인 것 같습니다. 직장생활을 하면서 아침, 저녁으로 카페를 청소하고 관리하는 게 쉽지만은 않습니다. 다만, 고생하는 만큼 수익이 나고 있구나라고 생각을 하면 보상받는 느낌이랄까요? 처음의 걱정과 다르게 지금까지는 잘 운영되고 있어서 다행이라고 생각합니다.

또한, 카페를 운영하면서 어려움이 생기면, 기댈 언덕(본사)이 있다는 것도 카페를 운영하면서 안심이 되는 부분입니다. 주변에 카페 또는, 카페가 아니더라도 자영업을 하시는 분들이 없기 때문에 아주 사소한 부분이라도 관련 정보나 도움을 받을 수 있는 창구가 없는데, 본사에서 도움을 받을 수 있다는 것이 장점이라고 할 수 있습니다.

저는 MBTI에서 F(감정형, 인간관계 중시)가 아니라 T(사고형, 논리적, 분석적)에 해당하는 사람입니다. 일반적으로 이야기하는 사교적인 성격이 못됩니다. 즉, 자영업을 하기에 적합하지 않을 수 있는 성격입니다. 그런데, 무인카페는 가능합니다. 손님을 직접적으로 매번 대면하지 않아도 되고(그렇다고 손님을 피하지는 않습니다), 매장에 정성을 쏟고 관리하는 만큼 그 결과가 보이는 그런 사업이 무인카페인 것 같습니다.

물론, 시간을 투자하고 정성을 쏟는 만큼에 비례해서 수익이 나는 것은 아닙니다. 환경과 상황의 영향이 가장 큰 것 같습니다. 어디에 위치해 있느냐, 어떠한 상황이 우리 매장에 영향을 미치느냐하는 것들이 중요한 것 같습니다. 저희 매장도 상가 주변 세대수를 보고 시작했는데, 근처 공원이 매출을 올리는 데 영향을 주기도 합니다.

저희는 오픈한 지 100일 좀 넘은 매장입니다. 아는 바도 적고, 경험한 바도 무척이나 적은 매장이지요. 매장관리를 대충하면 안 되기에 힘이 들지만, 적응해가고 있습니다. 이 과정에서 무인카페 세상의 재미를 조금씩 알아가는 중입니다. 앞으로도 많이 공부하고 열심히 관리하는 매장이 되겠습니다. 많은 관심 부탁드립니다.

송도랜드마크시티점 점주 차봉은

CHAPTER 2

35억 부동산 재테크는 사업의 기본기

: 부동산 자산이 불어나는 시스템

생각과 공부는 깊게, 행동은 빠르게
: 사업의 기본기 ①

'자본주의 생산의 3요소가 노동과 토지, 자본인데 내가 월급쟁이로서 노동으로만 돈을 버는 시스템이 과연 맞는가?'

직장생활 내내 이 생각이 떠나지 않았다. 근로소득인 월급에만 매달려 미래가 보장되지 않은 채로 평생 일개미로 살 것인가? 자나 깨나 진지하게 객관적인 고민을 해나갔다. 그러던 중에 책에서 세계적인 주식투자가 워렌 버핏의 "잠자는 동안에도 돈이 들어오는 방법을 찾지 못한다면 당신은 죽을 때까지 일을 해야만 할 것이다"라는 말을 접했다. 무릎을 탁 쳤다. 얼마 뒤 노동으로 돈을 버는 현 상태를 계속 유지하면서도 자동적으로 돈을 벌 수 있는 파이프라인으로 토지(부동산 투자)를 선택했다.

요새는 부동산, 주식, 비트코인, 유튜브, 인스타그램, 스마트 스토어, 블로그, 소프트웨어 개발 등 최소의 노동으로 돈을 벌 수 있는 파이프라인이 많다. 본업에 종사하면서 조금만 시간을 투자하여 본업 이상의 수입을 거둘 수 있다. 내가 처음 부동산 투자를 했었던 8년전 시절과 달리 훨씬 더 방대하고 다양하게 돈을 벌 수 있는 방법들이 생겨났다. 유튜브와 인터넷, 언론 등에서 이러한 파이프라인으로 엄청난 부를 축적한 유명인들이 많이 소개되고 있다. 이것을 남의 일로 치부하거나 나에게서는 발생되지 않을 일이라고 단정짓고 그냥 지나치지 말아야 한다. 월급이 적고 미래가 불안하다고 느끼는 분 모두가 잠을 자는 시간에도 돈을 벌 수 있는 수익구조를 직접 만들 수 있다고 생각한다.

애초에 나는 파이프라인으로서 주식을 해볼까 고민을 했다. 그런데 나는 평일에는 주로 본사에 사무직으로서 매여있는 시간이 많았다. 이와 더불어 내 성격은 일분일초를 다루는 주식과는 거리가 멀었다. 유튜브, 인스타그램, 블로그 등의 경우도 인터넷을 막 잘 다루지 못했기에 심리적 거리가 있었다.

첫 재테크이자 파이프라인으로 부동산 투자를 하기로 했는데, 이유가 있다. 나는 어린 시절부터 아버지 사업의 연속 부도 때문에 이사를 27번 다녔다. 그래서 어머니와 아파트 매물을 알아보고 또 부동산 임대차계약을 하는 등 부동산에 대한 심리적 장벽이 내 또래들보다 낮았었다. 이 과정에서 시간이 흐름에 따라 부동산 자산가치가 올라간다는 사실을 알고 있었다.

집을 하도 많이 이사 가면서 부득이하게 아버지 사업 부도에 따른 채무상환을 위해서 아파트를 헐값에 처분한 적도 너무나 많았다. 그런데 시간이 지나서 예전에 처분했던 아파트의 가격이 계속해서 상승해 나갔다. 당시 처분한 아파트로 인해 어머니가 스트레스를 받으셨던 모습이 아직도 생생하다. 이런 이유로 해서 부동산이 매우 친숙한 편이었던 나는 재테크로 부동산 투자를 하기로 결정했다.

엄격히 말하면, 아파트 가치가 높아지는 것은 현금가치가 떨어지기 때문이다. 그러니까 지금 시중에 아파트가 두 채가 있고 시중에 2억이 있다고 하면, 아파트 하나당 1억씩이다. 그런데 시중에 4억이 풀리면 원래 1억씩 했던 게 2억씩 된다. 이런 이유로 아파트 가치가 높아지게 된다.

나보다 일찍 사회생활을 시작한 친구들도 많았는데 이상하게도 부동산이나 주식 등 투자에 큰 관심을 갖지 않았다. 함께 재테크에 대해 이야기하고 공부할 사람이 없었다. 어쩔 수 없이 나홀로 독서와 공부를 시작했다. 부동산 투자를 하기로 결심한 날, 시중에 있는 부동산 재테크 서적 50여 권을 닥치는 대로 사서 읽고 공부를 해나갔다. 독서를 할 때는 시간 가는 줄 몰랐고 형광펜으로 마음속에 너무 와닿는 부분을 밑줄 그으면서 되새김질했다.

이와 함께 유튜브에 나온 부동산 투자로 성공한 분들의 영상을 집중적으로 보았다. 그러면서 나한테 맞는 방향, 내가 잘 할 수 있고 내가 당장 할 수 있는 영역과 범위를 스스로 정립해봤다. 하나씩 하나씩 나만의 기준과 무기를 장착해 나갔다. 이 시기에 나는 미국변호사 시험을 준비할 때 이상으로 열정적으로 부동산 투자에 대한 생각과 공부에 깊이 빠져 지냈다.

첫 투자를 하는 데는 많이 시간이 필요치 않았다. 입사 6개월차인 2016년 3월에 부동산투자를 시작했다. 사회초년생으로 모아놓은 돈이 있을 리 만무했다. 무엇보다 투자 종잣돈 마련하는 것이 중요했다. 내가 보유한 것은 그간 아끼고 아껴서 저축한 1,200만원에 갖고 있던 현금 300만원으로 총 1,500만이었다. 이 돈만으로는 부동산 투자를 할 엄두가 나지 않았기에 대출이 필요했다. 아쉽게도 직장 재직 6개월이었던 나는 2~3% 이자의 신용대출이 불가했다.

이때, 주거래 국민은행에서 출시한 새마을홀씨라는 신용대출 상품을 알게 되어 1,000만원을 대출을 했다. 이자가 5%나 되어 부담이 되었지만 시드머니를 확보하는 게 급선무였다. 이렇게 해서 투자금으로 쓸 수 있는 자금이 2,500만원이 만들어졌다.

첫 투자는 경기도 안양시 인덕원역 인근 대우푸르지오였다. 발품을 팔아보고, 내 나름의 투자 노하우를 살려서 그 아파트를 구입했다. 당시 매매가 3억 4,700만 원이었는데 전세 3억 3,500만원을 받았다. 갭이 1,200만원이었기에 투자금이 1,300만 원이 남았고 이는 수리비, 복비 등에 사용했다. 이 아파트를 내 이름에 등기를 하기까지 투자금이 다 들어갔다. 현재 이 아파트의 실거래가가 8억 5,000만 원까지 올랐기에 첫 투자치고는 꽤 좋은 성과였다.

이후 매년 투자를 해온 끝에 아파트 6채 35억 원대 부동산 자산을 구축해냈다. 이 자산은 현재까지 보유 중이고 현재는 데이롱카페 엔지니어 팀 직원들한테 사택으로 제공하고 있다.

투자가와 사업가들이 성공 요소로 꼽는 것 중에 하나가 빠른 행동이다. 우물쭈물하다가는 기회를 놓쳐버리거나 실행을 포기하기 쉽기 때문이다. 남다른 실천력이 중요하다. 그렇다고 아무런 준비 없이 행동을 빠르게 하는 것은 마치 수영을 배우지 않고 물에 뛰어드는 것처럼 위험천만한 일이다. 빠른 행동에 앞서, 충분한 생각과 공부가 선행되어야 한다.

내가 부동산 투자로 이른 나이에 큰 성공을 할 수 있었던 것도 그렇다. 평소에 경제적 자유에 대한 갈망과 부동산 투자에 대해 깊이 있는 생각과 공부를 한 다음 빠르게 행동을 했다. 부동산 투자는 만약 실패하더라도 눈앞에 보이는 유형자산의 실체와 등기권리증의 안전장치가 남는다는 생각 하나만 갖고 미적미적 시간을 끌지 않았다. 깊이 있는 생각과 공부 그리고 내가 내린 결정에 대한 믿음이 있었기에 단호하게 결정 내린 것을 행동에 옮길 수 있었다.

데이롱카페는 2021년 9월에 브랜드 런칭 후 파죽지세로 성장하고 있다. 이 책을 쓰는 기간 기준(2023년 10월 말)으로 현재 230호점을 돌파했다. 무인카페 사업을 할 때도 무턱대고 뛰어들지 않았다. 이전에 다른 무인카페 가맹점을 하면서 탄탄하게 무인카페 사업에 대한 생각과 공부를 해놓았다. 이때 무인카페가 잘되는 것에 확신을 가진 후에 비로소 직장을 그만 두었다. 충분한 준비가 되었을 때 빠르게 무인카페 사업에 올인했다.

대출 레버리지 활용하기
: 사업의 기본기 ②

- 2016년 3월, 안양시 인덕원역 인근 대우푸르지오(신용대출 1,000만원에 내돈 1,500만원의 실투자금 2,500만원)

- 2016년 10월, 인천 청천푸르지오(신용대출의 실투자금 3,500만원)

- 2017년 12월 계양한양수자인(신용대출 1,500만원에 어머니에게 빌린 1,000만원의 실투자금 2,500만원)

- 2019년 5월, 연수대림e편한세상1차(신용대출 실투자금 2,200만원)

- 2020년 2월, 월곶 풍림2차아파트(동생한테 빌린 800만원에 인덕원 집 전세 상승분 1,000만원 그리고 내돈 700만 원의 실투자금 2,500만원)

- 2021년 1월, 월곶 풍림1차아파트(투자금의 8(동생): 2(나) 비율의 실투자금 2,000만원, 현재 내 명의로 되었으며 친동생한테 자산소득과 재테크 가이드 계속

이것이 거의 년 단위로 투자한 부동산 투자처와 투자금 내역이다. 모두 수억 원대의 아파트를 마치 화초에 물주듯이, 적금하듯이 투자했다. 재테크를 잘 모르는 분들은 내가 6채나 되는 아파트를 투자했다고 하면 수십억 원대 현금 자산을 갖고 있는 것으로 오해하는 일이 있다. 앞서 말했듯이, 나는 월급쟁이였고 집안에서 물려받은 돈이 한 푼도 없었으며 오히려 부모님의 부채를 갚아야 하는 처지였다.

사실, 아파트 한 채당 투자 비용은 2,300만원에서 3,500만원 정도에 불과했다. 어떻게 이 적은 돈으로 아파트를 구입할 수 있었을까? 나의 첫 투자인 안양시 인덕원역 인근 대우푸르지오를 구입할 때처럼 대출을 이용했기 때문이다. 이 당시에는 1,000만원을 대출했고 가진 돈과 합쳐서 총 2,500만원의 투자금을 마련했다. 다른 아파트도 대출을 이용했다. 매년 단위로 월급을 모은 돈에다 대출금을 합쳐서 투자금으로 사용했다. 따라서 실제 투자금에서 순수한 내 돈은 일부에 불과했다.

대출이 없었다면 나는 아파트 단 한 채도 소유하지 못했을 것이며, 지금도 월급쟁이로 회사생활을 했을 가능성이 많다. 대출이 있어서 부동산 투자가 가능했다. 이러한 대출은 흔히 레버리지(leverage)라고 한다. 타인의 자본을 지렛대처럼 이용하여 자기 자본의 이익률을 높이는 것을 말한다. 투자가와 사업가들은 너나 할 것 없이 은행 대출을 이용해

자산을 늘려가고 있다. 그래서 "자본이 자본을 가져오고 돈이 돈을 번다"라는 말이 생겨났다. 이 말이 경제적 자유를 이룬 부자들에게는 굉장히 자연스럽지만, 젊은 분들은 실질적으로 와닿지 않을 수 있다. 아직도 팔팔한 30대(37세)인 나는 실제로 돈이 돈을 버는 것을 체험하고 있다. 이를 통해 경제적 자유를 향해 나아가고 있다. 나는 기회가 될 때마다 회사생활을 하는 주위 분들에게 강조하고 있다.

"돈은 시간을 우리에게 벌어다 주고, 우리는 그 벌어들인 시간을 기회비용 삼아 결과적으로 더 많은 돈을 벌어들일 수 있어요. 돈이 돈을 벌어들이게 하려면 대출을 잘 이용해야 하죠. 대출 레버리지를 우선순위로 집중하세요."

보통 대출은 개인소유의 부동산을 담보로 자산가치를 평가해 그에 상응해서 해주거나, 개개인의 신용도를 바탕으로 해준다. 우리나라는 신용사회이다 보니 개개인의 신용을 평가해서 월급과 연봉에 비례해서 신용대출을 해주는 것이 활성화되어 있다. 그런데 우리나라 사람들 대다수는 대출을 빚으로 여기며, 제3자로부터 돈을 빌리는 행위를 정서적으로 안 좋다는 선입견을 갖고 있다.

실제로 무리하게 대출을 일으켜서 추진한 사업이 부도가 나거나, 개인의 상환능력이 안 되서 채무 불이행자가 되어 원금과 이자 상환에 허덕이는 모습이 많이 회자되고 있는 게 사실이다. 나의 경우, 아버지를 통해 대출을 갚지 못해서 부도가 나는 일을 똑똑히 봐왔다. 그런데도 나는 경제적 자유의 티켓을 낚으려면, 필수적으로 대출을 해야 한다고 본다. 가계대출, 생활비 대출, 소비재 소비를 위한 대출은 절대 반대하지만 수익 창출을 위한 대출은 적극적으로 이용해야 한다.

왜 대출을 받아야 할까? 대출을 받는 목적이 무엇일까? 이에 대한 답은 간단하다. 대출금을 지렛대로 활용해서 생산적인 투자처(부동산, 주식, 채권, 펀드, 사업자금 등)에 투자를 해서 궁극적으로 돈을 더 많이 벌어 더 큰 자산을 형성하기 위해서다. 이것이 자본주의 사회에서의 대출의 이유이자 목적이다. 우리는 대출을 활용해서 인간 누구에게나 똑같이 주어진 제한된 시간 속에서 그 시간을 벌어서 시간의 가치를 돈으로 맞바꾸게 된다. 만약 대출을 안 받는다면 어떻게 될까? 생산적인 투자처에 투자를 위한 투자금을 노동소득(월급)으로 모아야 하기 때문에 긴 시간이 소요된다. 하지만 대출을 하면 투자금을 모으는 데 시간이 소요될 필요가 없이 투자금을 모아서 투자를 할 수 있다.

나는 부동산 투자를 할 때마다 매번 대출금을 천만 원가량 받았다. 이 돈이 있었기에 내가 월급으로 그 돈을 벌기 위해 수개월 동안 회사에 다녀야 하는 시간이 절약이 되었다. 부동산 투자를 시작하는 분들의 경우, 투자금액이 얼마인지에 따라 강제적으로 모아야 하는 기간이 천차만별이다. 하지만 초기 투자금액으로 1천만 원이나 3천만 원 혹은 5천만 원, 1억 원 등 최대한 대출을 하여 각자에게 주어진 시간을 절약하는 게 필요하다. 절약된 그 시간을 통해 더 큰 부를 위해 도약을 할 수 있다.

돈이 돈을 벌게끔 하고 자본이 자본을 불러오게 하고, '스노우볼 이 펙트(Snowball effect:눈덩이 효과)'를 만들려면 대출 레버리지가 필수적이다. 특히 나처럼 평범한 직장인이 무자본으로 투자를 시작을 해야 하는 처지라면, 본인이 열심히 일해서 번 노동소득만으로는 부족하므로 대출이란 시스템을 최대한 활용해야 한다. 이를 통해 화폐가치보다 더 빨리 상승하는 부동산, 주식, 채권, 펀드 등에 현명하게 투자를 하는 것이 바람직하다.

무인 카페 사업을 시작할 때도 자본금이 부족했다. 물론 아파트를 모두 처분했다면 수십억 원의 사업자금을 확보할 수 있었지만 그렇게 하지 않았다. 이때도 순수하게 내가 가진 자금은 모아놓은 월급, 아파트 전세금 차익이 전부였지만, 아파트 담보로 대출을 받았다. 이 대출금이 시간을 벌어줬고, 빠르게 데이롱카페 사업을 착수하게 했다. 사업을 확장하는 도중에도 마찬가지다. 데이롱 카페를 할 때 역시 대출금을 활용했기에 짧은 시간에 엄청나게 운명이 뒤바뀌었다. 대출 레버리지를 이용하지 않는다면 지금 당신의 모습 그대로 유지가 될 것이며, 관 뚜껑 닫기 전까지 절대 변하는 것은 단 하나도 없다.

철저한 입지 분석
: 사업의 기본기 ③

　부동산 투자책을 수 십권 읽고 공부한다고 모두 투자에 성공하는 게 아니다. 내가 투자를 하던 시기에 이론적으로 많은 공부를 한 분이 막상 부동산 투자를 했다가 손해를 보는 경우를 종종 접했다. 그 외에도 묻지마 투기식으로 투자하는 그룹도 있었고, 유명한 강사 말만 듣고 투자하는 분도 있었으며, 여기저기 갈피를 못 잡으며 잘못된 정보와 경로로 투자를 하는 분들이 있었는데 대다수가 부동산 투자에 실패했다.

　내가 첫 부동산 투자를 할 때도 성공이 보장된 게 아니었다. 그렇지만 첫 투자가 성공을 거두었고, 이후 순차적으로 투자를 이어갔는데 모두 다 상당한 수익을 거두었다. 이런 성과는 결코 행운이라고 보지 않는다. 내가 매입한 아파트는 모두 25평(59㎡)이었다. 이 평형이 1인 가구와 신혼부부, 황혼 이혼부부 등 가장 많은 실수요자를 끌어낼 수 있고, 이보다 작은 평형의 경우 오피스텔이나 소형 다세대주택과 경쟁했다. 이 평형의 아파트 투자가 모두 성공할 수 있었던 요인은 바로 철저한 임장 곧 입지분석이었다.

입지는 서울역 또는 인근 직장까지 최대 50분 이내에 출퇴근할 수 있는 역세권을 기본적인 조건으로 가격이 가장 저렴한 곳 곧 저평가된 곳 위주로 골라냈다. 회사 출근을 해야 해서 평일에는 임장을 할 시간이 없었다. 주말에 인천 전 지역과 부천, 서울 강서구나 구로, 성북, 화곡 등 당시 사람들이 좋은 동네로 인식하지 않아서 저렴한 곳 위주로 돌았다.

우리나라 회사 중 비교적 연봉이 높은 큰 회사 60~70%는 서울역과 종로, 광화문에 몰려 있다. 이쪽으로 출퇴근하려는 수요는 언제나 있을 거고 그러면 집값이 오를 여지가 있다고 봤다. 그래서 임장은 무조건 역세권만 찾아갔다. 역 근처 도보로 5분에서 10분까지의 거리를 기준으로 삼아서 샅샅이 투자처를 살펴봤다. 이 기준 내에 대기업이나 중견기업이 있으면 최고였다.

특히, 집값을 뒷받침하는 요소 중 하나가 거주자들의 소득 수준이라고 판단했다. 집값을 좌지우지하는 것은 원금과 이자를 상환할 수 있는 상환능력이기 때문이다. 따라서 수요층이 고소득자라면 집값이 오를 여지가 충분하다고 생각했다.

이와 더불어 역 근처 아파트들의 풍수지리적인 느낌도 살펴봤다. 아파트가 평탄한 지형에 있으면서, 아파트 단지가 안정적으로 디근자 형이나 직사각형, 정사각형이면서 안으로 들어갔을 때 아늑한 느낌이 드는 것을 우선시했다. 사람을 포옹하는 듯한 느낌을 주는 지형과 건물 형태의 아파트를 중요시했다. 그리고 그 지역에 걸어 다니는 사람들의 표정도 유심히 살펴보았다. 사람들의 표정이 밝고 여유가 넘친다는 것은 그 아파트가 살기에 좋다는 것을 의미하기 때문이었다.

그 다음 배후세대는 2천 세대를 기준으로 봤는데 그에 못 미치면 1천 세대까지 기준으로 했다. 아파트 연식도 중요한데, 10년 이내에 신축은 비싸서 못 샀다.

기본적으로 부동산 입지에서 저평가된 곳을 잡으면 절대 실패할 수 없다고 본다. 부동산은 어차피 계속 오른다는 대전제에 대한 확신이 있었기 때문이다. 부동산 투자에 성공한 사람들의 공통점은 원래 가격에 못 미치게 구입한 부동산이 나중에 가격이 높아진다는 점이다. 그렇다고 저렴한 것만을 맹목적으로 구매하는 우를 범하지 말아야 한다.

"흔히 빠질 때 들어가야 한다고 생각하는데, 잘 판단해야 합니다. 앞으로 오를 거라고 막연히 긍정적으로 생각할 게 아니라 떨어질 만한 요소 또는 이유가 무엇이고 왜 발생했는지 봐야 합니다."

나만의 임장 곧 입지분석의 안목이 크게 빛을 냈던 투자사례가 있다. 전세 2억 원을 놓고 2억 2,000만원에 매수한 연수 대림1차가 그것이다. 당시에는 3억원 이상이던 그 집값이 몇 달 만에 수천 만원씩 하락하던 시기였다. 상당수 부동산 투자를 하던 분들은 책상에 앉은 채 컴퓨터에 나온 하락한 매매가를 보고 투자를 꺼렸다. 더 가파르게 가격이 내려갈까 우려했다.

나는 직접 발품을 팔아서 그곳을 찾아가서 가격이 떨어지는 이유가 무엇인지를 살펴봤다. 역에 내려서 그곳을 찾아가는 도중에 얼마 지나지 않아 그 이유를 찾을 수 있었다. 주위에 GS자이와 동일하이빌 등 신규 물량이 풀리고 있었다. 당연히 공급이 많아지니까 가격이 떨어질 수밖에 없었다. 그런데 이는 일시적인 현상이라고 봤다. 무엇보다 이곳은 추후 교통 호재가 있을 것이라고 예상했다.

따라서 집값이 일시적으로 하락해서 저평가된 지역이라고 봐서, 저렴하게 매입할 기회라고 보고 매입했다. 현재, 이 아파트 매매가는 4억 대까지 오른 상태다.

부동산 투자에서 매우 중요한 것이 임장, 입지분석을 통해 저평가된 곳을 찾아내는 것이다. 저평가된 곳은 결코 책상에서 컴퓨터만 보거나, 책으로 공부만 해서는 알 수 없다. 두 발로 걸어서 현장에 찾아가 꼼꼼히 입지 분석을 할 때 저평가된 곳을 찾아낼 수 있다. 이 저평가된 곳이 시간이 지나면 큰 수익을 가져다준다.

데이롱카페 사업도 그렇다. 전국 곳곳에 없는 곳이 없는 것이 카페이며, 카페는 과포화가 된 상태이다. 이런 상황에서 무인카페를 애매한 곳에 열었다가는 폐점을 할 수밖에 없다. 기존의 경쟁 카페들을 살펴보고 철저한 상권, 입지분석을 통해 고객이 매장을 찾을 수 있게 만들어야 한다. 현재 승승장구하는 데이롱카페의 성공 요소의 하나가 철저한 상권, 입지분석인데, 이 능력은 부동산 투자를 할 때 길러졌다. 데이롱카페의 입지 분석에 대한 자세한 내용은 5부 '완벽한 입지분석이 전부다: 데이롱카페 성공 요소 ①'에서 후술하겠다.

타이밍 포착하기
: 사업의 기본기 ④

"인생은 타이밍!"

우리는 성인이 되기 전까지 부모님으로부터 가정교육을 받고 인성을 바르게 키운다. 이 과정에서 부모님은 아이의 나이와 성장 과정에 맞게 교육을 한다. 아이는 부모님이 정한 스케줄을 마냥 따라가기만 하면 된다.

학교에서도 그렇다. 학교에서는 학교 선생님으로부터 지식을 배우는 것과 함께, 학급 친구들과 돈독한 교우관계를 맺는다. 이때 정해진 교과과정에 따라 모든 학생들이 같은 공간에서 일정한 스케줄에 맞춰 교육을 받는다. 이는 미성년자로서 사회에 나가기 전까지 쭉 이어진다.

성인이 되고 한 사회의 일원으로서 발돋움한 이후에는 상황이 바뀐

다. 인생의 주인공은 각자이므로 각자 스스로 스케줄을 만들어야 한다. 그래서 사람들에게는 본인만의 시계태엽이 흘러가기 시작한다. 성인들에게는 하나의 일정한 스케줄이 있을 수 없다. 어떤 사람에게 빠르게 시계가 돌아가고, 어떤 사람에게는 시계가 천천히 돌아간다. 제각각이다.

여기서 중요한 것은 자신의 스케줄에 따라 타이밍을 잘 잡아내야 한다는 점이다. 살아가는 동안 매순간 선택의 상황이 닥쳐온다. 자신의 스케줄에 따라 바르게 타이밍을 포착하는 사람과 그렇지 못한 사람의 삶의 천지차이다. 전자의 사람이 성공 궤도를 달리게 된다. 성공이라는 버스를 탈 수 있는 사람은 그 버스가 정거장에 도착하는 타이밍을 정확히 잡아내는 사람이다.

부동산 투자에 대해 이야기를 하기에 앞서 내 나름의 '타이밍 인생관'을 피력해봤다. 인생에서 타이밍이 중요한 것처럼 부동산 투자에서도 타이밍이 몹시 중요하다. 나는 이렇게 강조하고 있다.

"부동산 투자는 타이밍!"

나는 부동산 투자를 했었다. 부동산 투자 관점에서 보자면, 부동산 투자는 결국 타이밍이다. 부동산 투자에 성공한 사람들의 공통점을 보면 의도했든 의도하지 않았든 원래 가격보다 못 미쳤을 때 매입하는 것이다. 매입하는 시점으로 보면 시기적으로 딱 부동산이 오르기 직전이나 한참 전의 타이밍이다.

해당 지역의 특정 정보를 활용하거나 꾸준한 부동산 스터디를 통해 그 지역의 가치가 오르기 직전의 타이밍에 부동산을 매입을 했다면, 투자한 시간대비 기회비용을 줄여 단기간 내에 자산상승 가치를 누릴 것이 분명하다. 그렇지 않고 타이밍을 놓친다면 긴 세월을 보내면서 자산 상승을 지켜봐야 할 것이다.

부동산은 매입을 해야 하는 시기가 있고, 보유를 해야 하는 시기가 있고, 또 매도를 해야 하는 시기가 있다. 여러 부동산 재테크 서적에 보면 그 내용이 자세하게 나와 있다. 나는 기간은 짧지만 굵직한 부동산 투자 성과를 냈다. 이런 나의 견해로 볼 때, 대한민국의 아파트라는 부동산의 가치는 금리 같은 외부 경제적인 요인과 부동산정책 그리고 국민의 부동산 소비심리와 맞물려서 복합적인 요소로 가치가 상승한다. 꾸준히 부동산 자산가치는 우상향하게 되어 있는데 5년이든 10년이든 상승과 하락을 반복하는 주기가 있다. 따라서 부동산 투자를 할 때는 시의적절한 타이밍에 대출금을 활용해서 생산적인 투자로 진입을 하는 것이 필요하다. 타이밍을 잘못 잡을 경우에는 손실을 감수해야 하지만 타이밍을 잘 잡으면 단기간에 많은 부동산 자산가치 상승을 누릴 수 있다.

데이롱카페가 성공하게 된 요인의 하나는 적절한 타이밍 포착이다. 내가 무인카페를 시작할 때는 바야흐로 무인카페 시장이 크게 성장해

가고 있었다. 이미 과포화된 레드오션이라면 무인카페 사업을 시작하지 않았다. 시장이 더 크게 성장할 타이밍을 잘 포착함으로써, 무인카페 사업을 착수하여 지금의 성공 반열에 올라서게 되었다.

한해에 우리나라에서 수많은 자영업자들이 외식 창업을 한다. 이 가운데 불과 일 년만 지나도 살아남는 것이 일부에 불과하다. 그 가운데에서도 극소수만이 성공의 왕관을 쓴다. 시장에서 살아남고, 성공하기 위해서는 타이밍이 결정적으로 중요하다. 적절한 시기에 창업하고 사업을 하는 분들에게만 기회가 열린다.

현재, 나는 사업가에서 더 나아가 기업가의 길로 성장해 가고 있다. 단기간에 수익 규모가 수십 배 수백 배 이상 성장해나가고 있다. 이런 상황에서 매번 어떤 이슈를 판단할 때 제일 중요하게 보는 것이 타이밍이다. 지금 그것을 시도했을 때 성공할 확률이 높은 타이밍인가를 신중히 고민한다. 시장조사와 다양한 데이터를 취합한 후 최종적으로 지금이 적기인 타이밍이라고 결정이 날 때 비로소 행동을 한다.

참고로 '머리말 2'에서 소개했듯이, 나는 데이롱카페를 본격적으로 운영하는 2023년 3월에 본사로 사용할 꼬마빌딩을 매입했다. 이때 역시 지금까지 2부에서 언급한 부동산 재테크 노하우 4가지 '생각과 공부는 깊게, 행동은 빠르게', '대출 레버리지 활용하기', '철저한 입지 분석', '타이밍 포착하기'가 절묘하게 발휘되었다.

데이롱카페를 말한다 2

차별화된 단골관리 시스템과 탁월한 음료 맛

많은 무인카페 중 데이롱 카페를 선택한 이유로 두 가지를 꼽을 수 있겠는데요. 첫 번째는 데이롱카페만의 차별화된 단골관리 시스템입니다. 매 방문 시 전화번호를 입력하는 등 번거로운 과정 없이, 첫 등록 이후 손바닥을 인증하거나 얼굴을 인증하는 등 간편하고 빠른 단골 인증, 생일 축하 쿠폰 발급 및 스탬프 적립 등 단골 관리 시스템이 데이롱 카페를 선택한 첫 번째 이유입니다. 두 번째는 타사와 구별되는 음료의 맛입니다. 무인 카페는 음료의 맛이 유인 카페보다 비교적 부족하다는 편견이 있는데, 본사 차원의 지속적인 메뉴 개발과 신선한 재료 관리 시스템을 통해 항상 맛있는 음료를 제공할 수 있다는 점이 데이롱 카페를 선택하게 된 두 번째 이유입니다.

저는 대학생 아들과 함께 데이롱카페 호계호원초점과 데이롱 카페 의왕모락초점을 운영하고 있습니다. 둘 다 카페 운영과 아무런 연관이 없는 사람이었지만, 데이롱 카페 본사의 지속적인 교육과 관리를 통해서 무인카페 운영이라는 모험에 도전할 수 있게 되었고, 지금 잘 운영하고 있습니다. 데이롱카페 본사의 교육과 함께라면 누구나 커피와 카페 운영 전문가가 될 수 있다는 점을 데이롱카페의 장점이라고 말씀드릴 수 있겠네요.

앞서 말씀드린 것처럼 저는 대학생 아들과 함께 무인 카페 두 곳을 운영하고 있습니다. 물론 처음에는 두려울 수 있겠지만, 전업주부와 대학생도 충분히 운영할 수 있습니다. 휴대폰 앱을 통해 점포의 시스템을 관리할 수 있다는 점도 꼭 말씀드리고 싶네요. 손쉽게 내 가게를 두 곳이나 운영하면서 내 시간을 가질 수 있다는 점이 참 좋은 것 같습니다. 당신도 도전하세요!

의왕 모락초점 점주 김영아

CHAPTER 3

현금흐름을 위해
창업한 무인카페

: 매달 현금이 들어오는 수익 시스템

현금 흐름을
만들어야 하는 이유

'내 나이 또래 대비 자산소득은 부족하지 않게 형성했다. 하지만 앞으로 삶의 질을 높이려면 급여 외에 캐시플로우(현금흐름)를 만들어야겠어.'

회사 다니면서 꾸준히 부동산 투자를 하는 사이 2020년이 되었다. 코로나가 막 창궐하여 온 나라가 어수선한 시기였다. 이때, 나는 부동산 투자 외에 현금 흐름을 구축해야겠다는 생각을 했다. 몇 년 사이에 월급 실수령이 50만 원가량 인상이 되었는데, 실제 월급은 400만 원이 안되었다. 이에 비해 투자한 부동산은 가치는 몇 배 이상 올랐다.

문제는 부동산은 현금이 아니라는 점이다. 대출 이자를 갚느라 월급과 전세금 인상분이 고스란히 다 빠져나가고 있었기에 통장이 텅텅

빈 느낌을 받았다. 여섯 채의 아파트를 갖고 있었지만 정작 수중에 현금이 거의 없어서 삶의 질이 좋지 않았다. 다달이 월급을 받고 저축을 해놓은 직장인보다도 생활에 쓸 자금의 여유가 없었다. 사고 싶은 것이 있어도 제대로 구입할 수 없었다.

집값이 쭉쭉 올라서 주위 사람들이 나를 부러워했다. 그런데 부동산 재테크에 어느 정도 이해가 있는 몇몇 사람은 화려한 부동산 자산가의 이면을 정확히 꿰뚫어 보았다.

"집값 오르면 뭐 하냐. 그거 팔아야 현금 되잖아. 부동산은 너의 개인적인 만족감인 거지 실제 삶의 질하고는 다르잖아. 너는 지금 돈을 쓰면서 풍요롭게 살고 있지 못하잖아. 그게 부동산 자산가의 맹점이라구."

그 말이 맞았다. 내가 실제로 그랬었다. 내 삶은 하우스푸어와 별반 다르지 않았다. 바로 이점이 부동산 투자를 오랫동안 하시는 분들의 가장 큰 허점이었다. 솔직해야 하는 것은 바로 현금에 대한 흐름 곧 환금성이 너무 떨어진다는 점이었다.

경매나 공매를 하는 분들은 수익형 부동산으로 현금 흐름을 만들어가는 경우가 있었다. 나는 회사에 재직하고 있었기에 전국의 법원에 찾아가야 하는 시간이 나지 않았다. 회사생활을 하면서 토막 시간만 내어 입지를 보고 투자를 하는 것이 유일한 투자 방법이자 루틴이었다. 주말마다 여자친구와의 데이트를 뒤로 하고 입지를 보러 다니면서 부동산 투자에 매몰되어 있었던 시절이었다. 그 당시 사귀던 여자친구에게 이별을 당하는 인생의 쓴맛을 겪기도 했다. 이래저래 부동산 투자에만 올인하는 것은 경제적으로나 환경적으로나 심적으로나 한계에 봉착했다.

더욱이 당시 내 직감으로는 부동산 시장이 계속해서 상승곡선을 그리고 있어서 시장논리상 어느 정도 거품이 빠질 거라고 생각했다. 이미 부동산 가격이 오를 대로 올랐기 때문에 분명히 하락기가 도래할 것이라 보았다. 시간이 지나 보니, 내 예측이 틀리지 않았다. 2021년 말부터 누적된 부동산 규제정책과 본질적으로 국내 금리 인상에 따라 부동산 시장은 서서히 꺾이기 시작했다. 그 결과 지금까지도 부동산 냉각기가 이어지고 있다고 생각한다. 방송이나 신문기사를 통해 주택가격 하락과 동시에 급매물이 쏟아져 나오고 있고 주택 실거래가 확연히 줄어든 것을 알 수 있다.

최근 상가 임장을 해보면, 제일 많이 매물이 나오는 업종의 하나가 부동산 중개소이다. 부동산 중개소의 폐업은 곧 주택거래가 원활하지 않다는 것을 입증하고 있는 것으로 부동산 소비심리가 꽁꽁 얼어있음을 재차 확인할 수 있다. 이에 따라 내 주변에 본인 스스로의 공부와 기준 없이 묻지마 투기로 주택 및 상가를 보유했던 많은 분들이 역전세난과 하락된 집값을 메꿔야 하는 지경에 다다르게 되었다. 이와 더불어 현금흐름 즉 파이프라인의 니즈가 더욱더 필요한 상황으로 몰리게 되는 것을 보았다.

절실하게 내게 필요한 것은 정상적으로 회사생활을 하면서 자산 소득 외 정기적으로 통장에 들어오는 현금이었다. 이것은 패시브인컴 (Passive Income, 수동 소득)으로 추가적인 노동 없이 돈이 돈을 벌어오는 소득이 생기는 것을 말한다. 즉, 잠자는 시간, 운동하는 시간, TV 보는 시간에도 자동적으로 현금 수익이 창출되는 시스템이 필요했다.

『부자 아빠 가난한 아빠』의 로버트 기요사키는 가난한 자와 중산층은 돈을 위해 일하고, 부자들은 돈이 그들을 위해 일한다고 말했다. 가난한 자와 중산층은 노동력을 투입한 만큼의 수익을 얻는데, 나이가 들어서도 노동을 할 수 없다는 맹점이 있다. 따라서 이들은 근로소득만을 좇기에 평생 가난의 다람쥐 쳇바퀴에서 벗어날 수 없다. 가난한 자와 중산층은 평생 돈을 위해 노동을 늘려갈 뿐이다.

이에 비해 부자들은 자본주의 3대 요소 노동, 토지, 자본을 다 활용해서 자동적으로 수익을 얻고 있다. 따라서 이들은 돈을 위해 일하는 게 아니다. 오히려 위의 3대 요소가 그들을 위해 24시간 일하는 셈이다. 자동화 수익 시스템이 많으면 많을수록 더 많이 수익이 저절로 생긴다. 따라서 부자는 절대 노동을 늘려가지 않으며 그 반대로 위 시스템 자체를 계속해서 늘려가며 수익을 늘려간다.

모두 부자가 될 수도 없고 모두 부자가 될 필요가 없다. 하지만 자본주의 사회에서 행복에 가까운 방향으로 나가려면 '돈'이 필수적이며 그것이 없으면 삶이 불편해지고 만다. '돈'이 많이 있으면 있을수록 행복한 삶을 영위할 가능성이 많다. 행복한 삶을 영위하기 위해서는 부자까지는 아니더라도 추가 노동을 최소화하면서 본업 외에 현금흐름이 나오는 자동화 수익 시스템이 필요하다. 그 시스템이 만들어지면, 수익이 무한대로 늘어날 수 있으며 노후에도 자동적으로 수익이 창출된다. 그렇지만 많은 직장인들이 또 다른 현금 흐름으로 패시브인컴을 만들지 못하는 게 현실이다. 그 이유는 4가지로 볼 수 있다.

1. 자금 부족: 패시브인컴을 만들기 위해서는 초기 투자가 필요한 경우가 많다. 자금 부족으로 인해 투자나 사업을 시작하기 어려울 수 있다. 그래서 어느 정도의 시드머니를 모으기 위해서는 반강제적으로 노동을 통해 소득을 모으고 절약하는 데 상당한 시간을 투자해야 한다.

그런데 대출을 두려워하면 안 되고 은행과 금융기관을 잘 활용해야 하는 대상으로 인지하고, 지역마다 지자체와 연계된 금융상품을 잘 활용해서 생산적인 재테크, 사업 활동에 집중해야 한다.

2. 지식 부족: 패시브인컴을 얻기 위해서는 투자, 부동산, 사업 등에 대한 지식이 필요하다. 이에 대한 지식이 부족한 경우 시작하는 것이 어려울 수 있다. 하지만 이 부분은 본인 스스로의 노력이 절실한 부분이다. 요새는 서적, 인터넷, 강의, SNS 등에서 재테크와 사업 정보가 많이 공개되었기에 조금만 부지런하게 움직여서 자기가 모르는 분야에 대해 객관적으로 인지하고 하나씩 배움으로 채워나가는 실행력이 필요

하다.

3. 시간 부족: 직장인들은 이미 본업에 시간과 노력을 투자하고 있는데, 추가적인 시간과 에너지를 패시브인컴을 만들기 위해 투자하기 어려울 수 있다. 하지만 지금보다 더 행복해지려면 적어도 현재처럼 살면 안 된다는 것은 누구나 알 것이다. 시간을 쪼개서라도 재테크 투자든 사업이든 본업 외에 파이프 라인 구축을 향해 이 악물고 전진해야 한다.

4. 위험 요소: 패시브인컴을 얻기 위한 투자나 사업은 항상 리스크를 수반한다. 이에 대한 두려움으로 인해 망설이는 경우가 있다. 통상 학창 시절 정해진 교육과정을 이수하고 난 후 성인이 되면 모든 것이 리스크 투성이다. 항상 선택의 기로에 놓여 있다. 본인의 가치관에 따라 기준을 잡고 선택을 해야 하며 리스크를 감내해야 한다. 리스크를 두려워하여 아무것도 실행하지 않으면 3년 후, 5년 후, 10년 후 그리고 관뚜껑 닫기 직전까지 아무것도 변하지 않은 현 상태 그대로 살게 된다는 현실을 냉철하게 인지해야 한다.

적어도 이 4가지 제약을 극복해야 현재보다 조금이라도 더 나은 삶과 경제적 자유와 진정한 행복에 한 발자국 더 가깝게 갈 수 있다. 나역시 마찬가지였다. 평범한 직장인의 삶에서 벗어나 내가 주체가 되고 행복해지는 삶을 꿈꾸며 하나씩 하나씩 실행에 옮겼다. 부동산 투자를 통해 순차적으로 4가지 제약을 극복했었고, 또다시 본업 외에 현금 흐름을 만들어주는 파이프라인을 구축하고자 더 큰 4가지 제약을 극복하고자 노력했다.

기업 분야에서 '흑자도산'이란 말이 있다. 회사가 돈을 잘 벌고 있음에도 불구하고 일시적인 자금난으로 인해 망하는 것을 말하는데, 장부상 이익을 내고 있지만 현금이 없어서 부도가 나는 것을 말한다. 이는 개인에게도 그대로 적용이 된다. 개인에게 현금은 더더욱 중요한 생명줄과 같기에 현금 흐름을 확보하는 것은 매우 중요하다.

우연히 발견한
무인카페 부업

'무엇을 하면 좋을까? 직장생활을 하면서 현금이 자동적으로 따박따박 통장에 꽂히는 것으로 어떤 것을 해야 할까?'

한동안 고민을 했지만 해법이 나타나지 않았다. 그런 2020년 3월에 친남동생과 함께 집 근처인 부천 중동역을 산책했을 때다. 우연히 내 눈길을 사로잡는 무인카페가 있었다. 허름한 그 카페에는 직원이 없었다.

'어, 저거 뭐지? 매장 주인이 없어도 카페 운영이 되는 건가?'

주인이 없는 카페에 한 고객이 들어가서 카드로 결제한 후 커피를 기계에서 뽑았다. 그러곤 테이블에 앉아서 커피를 마셨다. 일반 카페와 별반 다르지 않은 모습이었다. 다른 것이 있다면 노동력을 투입해야 할 직원, 사장이 없다는 점이었다. 이것은 곧 인건비가 들지 않아도 카페가 운영이 되고 매출 발생 시 현금이 들어온다는 말이었다.

그 무인카페를 보고 뒤통수를 한 대 얻어맞은 것처럼 '바로 저것이다!'라고 속으로 외쳤다. 기계가 사람이 할 일을 대신해주기 때문에 카페에 사람이 있을 필요가 없었다. 기계가 나 대신 카페를 운영해주므로 하루 종일 365일 연중무휴 돈이 계좌로 들어올 수 있었다.

그토록 찾던 것이 눈앞에 나타난 것이다. 나는 그 무인카페에 들어가서 내부를 둘러본 후 결제하고 나서 기계가 내려주는 커피를 뽑아서 마셔봤다. 여느 카페의 커피 맛과 별반 다르지 않았다. 나는 고객이 셀프로 커피를 뽑아 먹는 무인 카페를 해봐야겠다는 생각이 들었다. 내 가슴이 마구 두근거렸다.

그날 이후로 일이 손에 잘 잡히지 않았다. 부동산 투자만 했던 내가 새로 무인카페를 하려고 하니 여러 가지 생각이 머릿속을 맴돌았다. 실패하지 않을까 하는 걱정부터 해서, 어떻게 해야 잘 할 수 있을지, 또 얼마나 벌수 있을지 등 생각이 많았다. 이로 인해 회사생활에 지장을 초래할 정도가 되어 상사로부터 엄청 많이 혼났다.

만약, 무인카페를 한다면 그것은 현 상황에서 내가 제일 잘 할 수 있는 작은 시작이라고 생각했다. 이전에 장사를 해본 적이 없고 손기술도 좋지 않았으며, 유튜브나 각종 SNS를 통한 무자본 사업도 나한테 적성이 맞지 않았다. 하지만 내가 제일 자신 있고 잘 할 수 있는 것이 있었다. 그건 바로 6년간 직장 다니면서 해온 부동산 임장과 투자로 다져진 입지분석이었다. 다양한 지역의 아파트와 상가 그리고 각종 건물들을 수없이 임장을 하면서, 지역과 지형 그리고 풍수지리를 보는 안목으로 부동산 투자를 해왔었다.

카페는 과포화된 시장이었다. 그럼에도 불구하고 '무인카페'라는 아이템에 맞는 최적의 상권입지를 선정한다면 충분히 승산이 있다고 봤다. 무인카페는 머신(기계)이 사람을 대신하므로 인건비 없이 24시간 연중무휴로 운영이 가능하므로 상가 임차료와 관리비만 비용으로 지출이 된다. 이와 함께 맛이 없고 가격만 저렴하다는 무인카페의 선입견을 뒤집어서, 맛이 좋고 힐링을 주는 공간을 만들어 놓는다면 큰 호응이 있을 것이라고 봤다. 더욱이 요즘 고객들은 자신만의 프라이빗한 공간을 선호하는 경향이 있는데 무인카페는 주인 눈치 안보고 쾌적한 공간을 즐길 수 있다고 봤다. 따라서 손님이 많이 찾을 수밖에 없는 '이기는 게임'이라고 확신이 들었다.

직장생활을 바쁘게 하는 사이에 시간이 속절없이 흘렀다. 그러던 5월 첫째 주가 찾아왔다. 당시 '가정의 달'이라고 해서 연휴가 10일 가까이 되었다. 회사에 나가지 않은 나는 집에 누워있었는데 화창한 햇살이 창문으로 들어왔다. 마음이 너무나 답답했다. 침대에서 뒹굴면서 이런 생각을 했다.

'휴일이 좋은데 이렇게 누워있는데도 자동으로 돈이 들어오면 얼마나 좋을까? 이 황금 같은 연휴도 딱 급여만 받고 끝나고 말잖아. 급여 말고 또 다른 현금이 들어오면 좋겠다.'

도저히 안되겠다 싶어서 일어나서 그 무인카페를 다시 찾아갔다. 그곳의 간판을 보니 가맹점 문의 전화번호가 나와 있었다. 곧바로 그곳에 전화를 했는데 한 중년 남성이 전화를 받았다. 그분에게 가맹점을 하고 싶으니 뵙자고 했다.

나는 친동생을 조수석에 태우고 미팅 장소로 향했다. 처음 도전해 보는 창업인지라 본능적으로 걱정과 우려가 많이 되었다. 운전대를 붙잡은 두 손에 식은땀이 났고 입술이 메말라가는 상태 속에서 동생에게 말했다.

"동재야, 형이 하는 부동산 투자는 리스크가 적다. 그런데 사업은 당장 현금이 투자되어야 하는데 잘못될 경우 사기꾼을 만날 수도 있다. 리스크가 매우 크다. 그래서 형은 솔직히 좀 두렵다. 지금 만나는 사람이 하자는 데로 그냥 끌려가는 수밖에 없다."

지금은 해피엔딩으로 끝났지만 그때는 정말 초조했다. 나는 무인카페 하다가 망하면 투자한 아파트 하나 팔아야지 하는 생각을 했다. 한편으로는 무인카페로 수익을 내려면 당연히 리스크테이킹을 해야 한다고 봤다. 그렇지만 부동산 투자의 성공 경험이 있었기에 무인카페도 잘할 수 있을 것이라는 자신감이 있었다.

2년 계약으로 무인카페 가맹점 계약을 맺었다. 하지만 그 당시 계약을 맺은 24시 무인카페는 지금 생각해보면 정식으로 가맹사업을 하면서 브랜드를 키우는 업체는 아니었다. 알음알음 소규모로 해당 사업에 대해 문의가 오면 간판 달고 매장 오픈해 주는 정도였다. 내가 무인카페를 연 곳은 경기도 시흥시 월곶동에 있는 상가였는데 임장을 할 때 봐둔 곳이었다. 현재, 이곳이 데이롱카페 본점이다.

그 상가 근처에 바닷가와 산책로가 있었고, 주변에 굉장히 많은 배후세대 아파트들이 있었다. 유동인구는 적었지만 아파트에서 나와서 담배도 피우고, 반려견 산책도 하는 사람들이 많았다. 그 사람들을 잠재고객으로 잡았다.

그리고 당시 코로나가 막 전국적으로 번져갈 때여서 많은 가게들이 문을 닫으면서 죽느니 사느니 하고 있었다. 그래서 카페를 낸 상가는 18평이었지만 보증금 2천만 원에 월세 80만 원이었고 권리금이 없었다. 매우 싼 상가였다.

얼마 후, 2020년 6월에 무인 카페 가맹점 문을 열었다. 코로나로 인해 손님이 안 찾지 않을까 하는 생각이 들기도 했지만 쓸데없는 걱정이었다. 비대면 카페이기 때문에 많은 손님들이 찾아왔다. 얼마 지나지 않아 대박이 났다.

아이스아메리카노를 1,500원에 팔아서 매월 커피 음료 매출이 600만 원이었고 여기에다 디저트 음식(마카롱 등)매출이 120만 원 정도 되었다. 따라서 월세 80만 원을 내고, 제2금융권 4,000만 원 대출 원금과 이자를 같이 갚아나가도 많이 남았다. 순수익이 320~350만 원 정도 나왔다. 내가 한달 내내 회사를 다녀서 받는 급여가 380~390만 원인 것을 감안하면 엄청난 현금 창출이었다. 여기에다 초기에 카페를 세팅하는 데에만 많은 시간을 투자할 뿐 추가로 들어가는 시간은 퇴근 후 한두 시간만 투자하면 끝이었다.

무인카페 창업 비용이 보증금까지 8,000만 원 정도 들었다. 가진 현금이 없었고 신용대출도 꽉 찼다. 그래서 제2금융권에 부동산 담보로 4,000만 원 대출을 받았다. 그리고 전세 상승분으로 생긴 4,000만원 정도가 있었다. 이 돈으로 창업을 했다. 무엇보다 제2금융권 이자가 8~9%가 되어 심리적으로 압박감이 매우 컸다.

결과적으로 무인카페 부업은 매우 만족스러웠다. 앞으로 2년간 매달 최소 250만 원 이상의 순수익이 나올 것이라고 확신하고 있었는데, 이 매장은 진작에 창업 비용을 모두 회수할 수 있었다. 결국, 현금이 자동적으로 나오는 패시브인컴의 무인카페 부업은 성공적이었다.

월곳 무인카페의
짜릿한 기억

"와, 우리 동네에 이렇게 예쁜 카페가 있네."

"무인카페가 이렇구나. 정말, 사람 없이도 되는구나."

2020년 6월 3일, 월곳에 문을 연 무인카페에 대한 인근 주민의 호의적인 반응이었다. 월곳은 반 관광지와 동네 상권이 섞여 있었다. 정식 오픈이 아니고 2일간 가오픈을 한 상태였는데도 사람들이 줄을 서서 몰려들었다. 사람들은 머신을 통해 비대면으로 커피와 음료를 선택해 주인 눈치 안 보고 매장에서 즐길 수 있는 시스템을 굉장히 신선하게 생각했다. 게다가 마카롱, 뚱카롱, 다쿠아즈, 스콘, 조각케익 등의 디저트 음식이 갖춰져 있어서 소비자들의 니즈를 충분히 충족을 시켜줬다. 그리고 무난하고 따뜻한 느낌의 인테리어 때문에 지나가는 사람들의 눈길을 사로잡았다.

사실, 월곶 무인카페 양옆에는 10년 이상 터줏대감처럼 운영이 되어온 규모가 큰 개인 유인카페 두 곳이 있었다. 하지만 두 카페 사이에 있는 새로운 개념의 무인카페가 신기했기에 고객들이 호기심으로 많이 방문해주었다. 결국, 오랫동안 단골을 확보해온 두 카페는 가격이 상대적으로 비싸고 맛이 없었기에 월곶 무인카페가 입성하고 6개월 안에 문을 닫게 되었다.

이미 단골고객 장사로 꾸준히 잘되는 카페 두 곳이 있었는데 왜 사람들이 그곳을 놔두고 무인카페를 방문했을까? 매장을 오픈하고 매출 추이를 보면서 내 나름대로 분석해보니 성공할 수밖에 없는 요소가 나왔다.

첫 번째는 '무인카페'에서 남 눈치 안 보고 카페 공간을 자유롭게 이용할 수 있어서 만족했다는 것이다.

두 번째는 굉장히 고급인, 일본에서 로스팅하고 품질 관리를 해온 UCC 원두를 사용했다는 것이다. 실제로 굉장히 고가이면서 프리미엄급 이상인 UCC원두를 그 당시 13oz 크기로 핫 아메리카노를 1,300원에 판매했다. 따라서 다른 유인카페보다 가격이 저렴했을뿐더러 맛에서 압도적인 차이가 났다.

위 2가지 요소를 갖추면서 월곶 무인카페는 서서히 월곶을 넘어서 소비자분들에게 '무인카페'라는 시스템으로 알려지면서 유명해져 갔다. 평일에 꾸준히 90~110잔이 나갔고, 주말에는 130~150잔이 나갔다. 이는 새로 문을 연 대형 프랜차이즈 유인카페에서도 달성하기 쉽지 않은 수치였다. 하지만 장사가 잘된 것은 분명 좋은 일이었지만 무인 카페에 이것저것 손 가는 일이 많이 생겨났다. 다행히 아버지가 내가 직장에 있는 동안 무인카페에 상주하다시피 하면서 많은 도움을 주었다. 사람 사귀는 것을 좋아하는 아버지는 틈만 나면 직접 고객응대도 해주고 서비스도 해주시면서 단골을 많이 만들어주셨다. 주말에는 내가 서너 시간 책과 노트북을 들고 매장에 있으면서 고객을 직접 응대하고 불편 사항을 해결해주면서 고객과 친해지려고 노력했다.

무인카페는 다른 유인카페, 유인업종 대비 사람의 노동력이 거의 필요하지 않은 업종이다. 그 본질적인 이유는 머신이 있기 때문이다. 사람처럼 감정적이거나 아파하지도 않고 또 근무 태만을 하지 않는 '무인카페 커피머신'이 AI 기능을 탑재해서 사람 대신 커피와 음료를 소비자들에게 제조하여 제공하기 때문이다. 그러나 크게 오해하지 말아야 할 것은 전적으로 머신이 알아서 척척 다 해결해주지는 않는다는 점이다. 기계의 한계점이 반드시 있다. 차를 예로 들어보면, 벤츠 S클래스나 마이바흐를 사고 나서도 6개월 내지 1년까지 적응하기까지 간헐적으로 부품 하자 등의 문제가 생길 수 있다. 커피머신 또한 기계이므로 언제든지 기계 문제가 발생할 수 있다는 점을 꼭 숙지해야 한다.

실제로 월곶 무인카페의 경우, 간혹가다 컵이 걸리고 커피 에스프레소가 추출이 안 되기도 했다. 그리고 제빙기에서 물이나 얼음이 새기도 했다. 매장에 디저트 음식 마카롱이 있었는데 스낵자판기에서 마카롱이 걸려서 나오지 않는 일도 있었다.

한번은 새벽 2시에 전화가 와서 받으니까 매장에서 고객이 퉁명스럽게 말을 했다.

"아이스초코를 결재했는데 맹물만 나옵니다. 뭐 이런 가게가 다 있습니까?"

전날 장사가 너무 잘 되어 원자재 초코가 다 소진되었기 때문이었다. 이와 함께 컵이 걸려서 안 나온다고 새벽에 전화를 주는 일도 있었다. 매장에 적힌 담당자 연락처로 전화를 하면 내 폰으로 연결이 되었기에 새벽에 고객의 전화를 받는 일이 간간이 있었다. 당시에는 새벽 전화 때문에 잠을 잘 못자서 잠의 패턴이 깨지는 일이 생겼다. 한동안 전화에 대한 노이로제가 걸리기도 했다.

장사가 잘되던 어느 날이다. 가슴 철렁거리게 하는 전화 한통을 받았다.

"내가 테라스에서 커피를 마시다가 다리를 삐었습니다."

"어쩌다가 그런 일이 생기셨습니까?"

"테라스 바닥이 꺼지면서 테이블이 밑으로 빠지더라구요. 그 바람에 몸이 기울면서 발목을 삐었어요. 지금 발목이 퉁퉁 부었는데 손해배상을 해주세요."

나는 연신 죄송하다면서 확인 후 조치를 취하겠다고 말하고 나서, 연락처를 받았다. 급히 CCTV를 돌려봤다. 덩치가 큰 손님 두 명이 나왔는데, 한 명이 멀쩡하게 커피를 마시다가 의도적으로 테라스 바닥이 꺼진 곳에 테이블을 밀어 넣었다. 그러곤 비틀거리면서 다리를 삔 것처럼 행동했다. 느낌이 싸했는데 일종의 블랙컨슈머로 보였다.

나중에 그 고객을 만났다. CCTV 영상을 보여 주고 나서 거짓으로 일을 꾸며서 돈을 요구하는 행위는 엄연히 위법이므로 경찰신고를 하겠다고 했다. 그러자 그 고객이 꼬리를 내리며 없는 일로 하자고 했다. 지나고 보니, 이런 일은 사업이 성장하는 과정에서 생기는 불가피한 성장통으로 생각되었다. 장사 잘된다는 냄새를 맡고 날파리들이 꼬인 것이다.

나는 6년간 사무직으로서 조직 안에서 주어진 일만을 해왔으며, 정해진 룰을 따라오기만 했다. 무인카페 사업은 전혀 다른 세계였다. 항상 예상 밖의 일이 생기기에 늘 긴장해야 하며, 그때마다 능동적으로 문제 해결을 해야 했다. 이런 경험을 통해 사업의 규칙을 하나둘 세워가야만 했다.

고객의 다양한 민원을 접하면서, 나는 속으로 '이게 장사구나'라고 느꼈다. 수시로 고객 전화를 받는다는 사실이 곧 매장이 24시 잘 운영이 된다는 것이었다. 그리고 밤낮없이 들어오는 고객 민원을 잘 응대하고, 문제를 해결해주는 것이 향후 무인카페 경영자가 해야 할 중요한 업무라고 생각했다.

결과적으로 무인카페에 내 노동력과 아버지 노동력이 상당히 많이 들어갔다. 막상 무인카페를 운영해보니, 무인카페라는 말과 달리 많은 노동력이 요구된다는 것을 경험했다. 이는 현재 우리나라의 무인카페 시장이 초기이므로 앞으로는 많이 개선이 될 것이라고 생각했다. 나중에 이런 점을 개선한 무인카페를 만든다면 시장을 선도할 엄청난 반향을 일으킬 것으로 봤다.

데이롱 카페를 런칭하기 전까지 나는 가맹점 경영자로서 무인카페를 1년간 운영해봤다. 이 과정에서 무인카페에서 생길 수 있는 머신의 오류, 운영의 시행착오, 고객 서비스의 중요성 등 모든 경험을 했다. 이것이 나중에 데이롱카페 사업을 하는 데 든든한 밑거름이 되어 주었다.

무인카페 시스템을
완벽히 마스터

"사장님, 저도 사업을 한번 해보고 싶습니다. 제가 아직 많이 부족하지만 나름 열심히 공부하고 여러 부동산을 임장하면서 일정한 안전자산을 구축했습니다. 모 신문사의 '아파트 부자들'이라는 기획연재 기사에도 나왔습니다. 제가 대표님을 실질적으로 도와드릴 수 있는 부분이 많이 있을 것이라 확신하는데 함께 가시겠습니까?"

가맹점으로 문을 연 무인카페가 실속있는 수익을 내자, 나는 무인카페 가맹점 대표님께 제안했다. 당시, 그 무인카페는 15개가량의 가맹점이 있었는데, 실제로는 가맹사업법의 의거한 것이 아닌 간판만 가맹점이었다. 더욱이 그곳은 무인카페의 입지에 대한 객관적인 분석자료가 없었다. 그렇지만 나의 경우, 부동산 재테크로 다져진 입지분석과 상권분석 안목을 통해 월곶 매장을 입점시켜서 성공을 거둘 수 있었다.

"젊은 양반의 상권을 보는 눈썰미는 인정해줄 만합니다. 근데 솔직히 함께 사업을 하기가 망설여지네요. 내가 프랜차이즈 대표로서 가맹점주님을 책임을 지는 위치에 있잖아요. 현재 장사가 잘 되지만 앞으로 어떻게 될지 모르는 게 사업입니다."

50대 중반의 그 대표님은 나를 걱정해주었다. 내가 하는 무인카페는 부업이니까 안정적으로 봤지만, 만약 함께 사업을 한다면 내가 동부건설이라는 이름 있는 회사를 퇴직해야 했기 때문에 매우 불안하게 봤다. 사표를 내고, 함께 사업을 할 만큼 비전이 있는지 그 대표님은 확신이 서지 않은 듯했다. 그 대표님은 단지 일부 지역에서만 가맹점을 열어서 삶을 영위하는 정도에 만족하는 것으로 생각이 되었다.

나는 무인카페 한곳을 관리하는 것만으로 일에 대한 성취도와 경제적인 수익에서 성이 차지 않았다. 당시, 나는 입지분석을 해주면서 그 대표님의 가맹사업을 적극적으로 도와드렸다. 프랜차이즈라는 한배를 탄 사업 파트너로서 함께 잘 되자는 뜻에서 순수하게 도움을 드렸다. 이 과정에서 행복과 보람을 느꼈다. 무엇보다 내가 한 일에 대한 성과가 뚜렷이 눈에 보였기에, 일에 대한 충만한 자신감이 들었다.

그러면서 자연스럽게 그 대표님을 따라다니며 많은 대화를 나누게 되었고 친분을 쌓게 되었다. 그러는 사이에 1년이란 시간이 흘렀다. 지금 돌이켜보면, 지난 1년이라는 시간이 내 사업을 준비하는 과정이라는 생각이 든다. 하루는 그 대표님에게 상권분석을 해줄 때였다.

"사장님, 여기가 딱입니다. 이곳에 가맹점을 여시면 절대 적어도 적자가 나는 구조는 아닙니다."

"여기는 역세권도 아니고, 유동인구도 많이 없는데 잘 될까요?"

"유동인구가 많은 곳에서는 매출을 극대화시키기 위해 사람을 많이 고용한 사업이 적합니다. 그런 곳에서는 회전율을 빨리빨리 늘리기 위한 전략 사업이 적절하거나, 부가가치가 높은 사업이 맞습니다. 그러면 안 좋은 입지에서는 사업을 못할까요? 안 좋은 입지에 맞는 품목과 사업이 들어가면 대박이 난다고 확신합니다. 무인카페가 바로 그것입니다."

"아, 그래요?"

"저는 수없이 많은 장소들을 임장해왔습니다. 무인카페가 잘 될 수밖에 없는 입지에는 공통점이 몇 개 있습니다. 이곳이 그 공통점이 있는 곳입니다!"

내가 짚어주는 곳에 문을 연 무인카페는 모두 수익이 좋았다. 단 한 곳도 잘못되는 일이 없었기에 그 대표님이 놀라워했다. 나는 여기에 머물지 않았다. 탁월한 상권분석에 의해 무인카페가 모두 잘 되자, 그 대표님에게 주위 분들을 소개해줬다.

"사장님, 내 지인들이 무인카페를 하고 싶답니다."

평소 내가 부동산 투자로 큰 성공을 거둔 것을 알고 있는 지인들이 내가 새로운 부업을 하는 것을 눈여겨보고 있었다. 금세 내가 하는 무인카페가 매달 인건비 없이 월급만큼의 순수익이 난다는 소문이 났다. 자신도 하고 싶다는 연락을 많이 해줬다.

"동건아 나도 알려줘, 나도 무인카페 하고 싶다."

처음에는 지인이 무인카페를 했고 그다음은 지인이 소개를 해줬다. 그다음 저희 아버지가 소개를 해줬고 저희 어머니도 소개를 해줬다. 이들의 무인카페 상가 자리를 직접 발로 뛰면서 알아봐 줬다. 임대차 계약 조율도 해드리면서 무인카페 운영 팁을 알려줬다. 하나같이 다 매출이 잘 나왔다. 총 6명의 무인카페 가맹 희망자를 소개해줘서, 그 무인카페 프랜차이즈 대표님이 무척이나 좋아했다.

"너무 고마워서 어쩌죠. 소개를 해주는 것도 모자라 본사 직원도 아닌데 자기 일처럼 시간을 내서 입지를 다 봐주니 정말 고맙네요."

그 대표님과 친밀한 관계가 되어 1년 동안 따라다니며 수족처럼 모셨다. 차로 모셔드리기도 하고, 입지를 봐드리기도 했다. 이 와중에 무인카페 사업에 필요한 지식과 정보를 하나둘씩 파악하게 되었다. 그 대표님이 하나하나 알려준 것이 아니라 내가 적극적으로 묻고 배워나갔다.

1년여 되자, 무인카페 운영 시스템을 훤히 알게 되었다. 그것을 모를 때는 직접 사업을 할 엄두가 나지 않았지만 그 내용을 속속들이 알게 된 지금은 언제라도 내 브랜드의 무인카페를 할 자신감이 생겨났다.

이 시기에 나는 무인카페 사업에 대한 생각과 공부를 완벽히 해놓았고, 불과 1년 뒤 데이롱카페 브랜드 런칭을 실행에 옮겼다.

나에게는 건설사 재직 경력과 부동산 투자 경력이 있었다. 하지만 무인카페는 전혀 새로운 분야여서 쉽게 진입할 수 있는 분야가 아니었다. 그런데 나는 가맹점을 하는 1년 동안 무인카페 시스템을 대부분 숙지했다. 또한 카페업이 통상 어떻게 돌아가는지, 프랜차이즈가 무엇인지, 협력업체와 거래처에는 어떤 곳이 있는지에 대해, 또한 경영과 마케팅에 대해 하나씩 알아갔다. 이를 통해 본격적인 발돋움을 위한 준비를 했다.

창업 트렌드로서의
무인카페

우리나라 사람의 커피 사랑은 유별나다. 성인 기준 일인당 소비량은 세계 평균보다 2.5배 많다. 커피 매장 수를 살펴보면 1위 미국, 2위 중국을 이어 3위가 한국이다. 미국과 중국에 비해 현격히 인구가 적은데도 우리나라에는 그 나라를 뒤이어 카페 수가 많다. 카페 수는 가파르게 증가하고 있는데 2022년 기준 카페가 10만 개에 이르렀다.

이는 편의점 수보다 2배 많은 수치이다. 이는 무엇을 말할까? 사업자의 관점에서 보면, 카페 시장이 과포화된 레드오션임을 말한다. 한 상가에 여러 개의 카페가 있을 정도로 그 수가 많기에 카페 창업이 성공하기 힘들게 되었다. 기존의 유인카페로는 인건비 등 때문에 제대로 장사하기가 쉽지 않다.

이러한 카페 시장에서 무인카페는 틈새시장을 조금씩 넓혀가고 있다. 사실, 내가 무인카페를 창업했던 2020년만 하더라도 몇몇 주위 분들이 내게 이런 말을 하기도 했다.

"코로나 때문에 비대면이 중요해져서 사람들이 무인카페를 찾는 것일 뿐이야. 코로나가 지나면 언제 그랬냐는 듯이 사람들이 굳이 무인카페를 찾지 않을 거야."

솔직히 나 또한 미래를 장담하기 어려웠다. 그렇지만 당시 내가 시장의 흐름을 살펴볼 때 무인점포로서 무인카페가 향후 크게 성장할 것이라고 보았다. 그래서 나는 절호의 타이밍에 무인카페 창업을 했다. 결과적으로 내 판단이 정확히 맞아떨어졌다. 나는 무인카페가 크게 성장해가는 절호의 시기에 부업으로서 첫 창업을 했고, 만족스러운 성과를 냈다.

기본적으로 무인점포는 거스를 수 없는 대세였다. 무인편의점, 셀프 빨래방, 코인노래방, 무인 스터디카페, 셀프 사진관 등이 쏙쏙 생겨나고 있는데 이는 소비자의 수요가 있기 때문이었다. 이러한 수요가 앞으로 크게 커질 것으로 보았다. 일본의 경우 2025년에 무인점포 시장이 50억엔 규모로 성장할 것으로 예상하고 있다.

많은 분들이 본캐가 아닌 부캐로 수익을 창출할 수 있는 방법을 찾고 있다. 가능하면 최소한의 노동력을 투입해서 자동적으로 현금 수익을 낼 수 있는, 곧 패시브인컴을 찾는 것이 흐름이 되었다. 본업에서 급여를 꾸준히 받는 것과 더불어 본업에 지장을 주지 않으면서도 24시간 현금 수익이 창출되며, 노후에도 꾸준한 수익을 거둘 수 있는 것이 좋다. 대표적으로 무인카페를 추천할 수 있다.

기본적으로 커피는 기호식품이다. 때문에 공간을 예쁘게 하고, 맛이 어느 정도 기준이 잡히며, 가격이 합리적이면 해볼 만하다. 이 삼박자가 맞으면 적어도 망하진 않겠다는 최소한의 확신을 가질 수 있다. 그래서 이 시각에도 전국에서 수많은 커피 매장이 우후죽순처럼 생기고 있다.

그런데 사람이 없는 무인 카페는 매장에 사람이 근무하는 유인 카페보다 수익성 면에서 많은 장점을 가지고 있다. 따라서 무인카페가 부업거리를 찾는 분들에게 매우 만족스러운 패시브인컴을 주는 시스템이 될 수 있다. 무인카페의 장점 6가지를 소개한다.

1. 진입장벽이 낮다.

외식업을 하려면 그 분야의 자격증이 있는 것이 좋다. 식당의 경우 한식자격증, 외식 자격증과 더불어 카페에는 바리스타 자격증이 있어야 메뉴의 품질을 보장할 수 있다. 내가 무인카페를 창업했을 때, 일부는 바리스타 자격증도 없는데 어떻게 커피를 내리냐고 우려하는 분이 있었다. 무인카페의 경우 커피머신이 이 문제를 해결해주었다. 수천만 원대의 커피머신이 바리스타처럼 높은 품질의 커피 맛을 유지해주고 있다. 같은 커피 브랜드의 매장에서, 같은 바리스타가 커피를 내려도 때에 따라 차이가 날 수도 있는데 커피 머신은 항상 정확하게 오차 없이 일정하게 에스프레소를 내려준다.

이와 더불어 타 업종대비 소자본으로 창업이 가능하다. 나의 경우 6,200만 원(부가세 별도) 정도 창업비용에 상가보증금이 별도로 들었다. 프랜차이즈 유인 매장의 경우 아무리 작게 잡아도 창업 비용만 1억이 넘어가고 유인카페는 보통 유동인구를 많이 보기 때문에 상가보증금, 월세, 권리금이 굉장히 높은 곳으로 입점해서 추가 비용이 훨씬 많이 들어간다고 보면 된다. 이에 비하면 무인카페는 창업 비용이 절반 수준으로 적다. 이 또한 대출 레버리지를 이용한다면 창업에 들어가는 자신의 돈을 줄일 수 있다.

2. 인건비가 없고, 투입되는 노동력이 매우 적다.

무인카페 산업의 가장 핵심은 본업을 유지하면서 최소한의 노동력을 투입하여 본업 외에 별도의 현금흐름을 창출한다는 것이다. 타인에게 지급되는 인건비가 전무하며, 단지 본인이 하루 한두 번 1시간 미만 노동력을 투입하면 된다.

최근 소규모자영업자들이 크게 한숨 내쉬는 가장 큰 이유는 인건비 상승 때문이다. 2023년 기준 최저시급이 9,620원으로 높은 인건비가 부담이 되어 사장이 직접 가게를 돌봐야 한다는 말을 접하게 된다. 만약 직원이 14시간 근무한다면, 직원 급여로 월 4백만 원대가 나가게 된다. 엄청난 부담이 아닐 수 없다.

무인카페는 기계가 커피 관련된 모든 업무를 일사천리로 해주기 때문에 상주 인력이 전혀 필요하지 않다. 즉, 인건비 절감의 극대화가 가능하다. 때문에 경영주분들이 본인 본업의 노동소득을 유지하면서 별도로 하루에 한두 번 1시간 전후의 노동으로 매장관리를 하면, 대한민국 평균 직장인 한달 급여에 준하게 수익을 가져갈 수 있다. 여기서 핵심 포인트는 다른 유인업종하고는 차원이 다르게 최소한의 노동으로 수익을 알차게 가져간다는 것이다.

3. 24시 운영이 가능하다.

무인카페의 또 다른 핵심 포인트는 24시간 365일 매장이 운영이 된다는 것이다. 시간과 공간에 구애받지 않고 계속해서 무인카페 머신이 나를 위해 일을 하고 있다고 생각하면 된다. 그리고 아침, 점심, 저녁, 늦은밤, 새벽 시간대에 기존 고객님과 신규고객이 니즈에 맞춰서 매장을 이용해주신다. 이에 따라 매장 이용 시간에 제한이 없는 무인 시스템의 새로운 문화가 자리매김하고 있다. 매장만 열어 놓으면 기계가 알아서 척척 손님이 원하는 커피와 음료를 내려다 주기 때문에, 경영주 입장에서는 24시간, 365일 추가 인건비 지출 없이 자동적으로 수익이 생기는 현금흐름을 만끽할 수 있다.

4. 커피 재고관리가 용이하다.

외식업 하는 분들의 골칫거리가 재고다. 아무리 장사가 잘 되도 재고가 많으면 그만큼 수익이 떨어질 수밖에 없다. 무인 카페의 경우 커피의 유통 기한은 잘 보관되기만 하면 상당히 길다. 따라서 유통 기한 내에 손님들에게 제공이 된다.

데이롱 카페의 경우, 좋은 원두와 각종 부자재를 안정된 유통망의 낮은 원가율로 공급하고 있다. 또한 합리적인 소비자 가격으로 브랜드 '데이롱'만의 포지셔닝을 잘해놓고 있다. 기본적으로 재고관리의 일체를 핸드폰 앱 하나로 할 수 있다. 더욱이 재고량을 앱의 수납공간에서 관리하기 용이하게 해주고 있으며, 적정 수량으로 매장 운영이 되게끔 본사에서 철저하게 가맹 교육을 해주고 있다. 게다가 기본적으로 커피와 그 외 원재료는 소량으로 진공포장이 되어 있어서 짧게는 하루 길게는 3~4일 안에 다 소진되도록 배려했다. 그래서 재고 관리하기 편하다.

5. 직원 채용과 서비스 관리 고충이 없다.

무인카페의 또 다른 핵심 요소이기도 하다. 인력관리 난제로부터 완전한 해방이다. 대부분 모든 자영업과 사업은 "사람 상대하다가 일다 본다"라는 말이 있다. 업종을 불문하고 대다수 자영업은 직원을 통해 고객에게 서비스가 제공된다. 사장과 직원이 어떻게 고객을 대하느냐의 태도가 매우 중요하다. 무인카페는 머신이 있기에 사람의 태도 문제가 전혀 생기지 않는다.

최근 들어서 사람채용이 '하늘의 별따기'다. 채용과 동시에 나가고 이것저것 사장과 직원 간의 컨디션이 맞지 않아서 오랫동안 함께 일할 직원들을 구하기가 정말 힘든 시대가 도래했다. 무인카페에서는 이런 고충이 제로다. 인력채용과 관리로부터 해방이고 오로지 커피기계가 모든 것을 다 알아서 해결해준다.

6. 사장 눈치를 안 보는 공간을 제공한다.

유인카페를 비롯한 유인업종에는 사장 혹은 직원이 있다. 특히 매장 크기가 작은 업장은 사장이 직접 운영하는 곳도 있는데 아무래도 고객이 매장 안에 있을 때 업주 눈치를 보게 되기도 한다. 특히, 요새는 코로나 이후 비대면 문화가 자연스러워져서 고객 개개인의 공간에 대한 니즈가 크고, 남으로부터 터치 받지 않은 소비문화가 조금씩 자리 매김하고 있다. 따라서 무인카페는 세련되고 깔끔한 공간을 대여해주는 역할이 크다. 그런 공간이 조성이 되어야 고객은 기꺼이 무인카페를 찾는다. 데이롱카페의 경우, 힐링감을 주는 공간을 큰 장점으로 가지고 있다.

데이롱카페를 말한다 3

퇴직 후 노년기 삶에
역동성과 적당한 소득을

창업박람회 참석 중에 커피 향기가 짙은 곳을 따라가서 발길을 멈추었습니다. 친절한 직원이 무인자판기에서 커피 한 잔을 빼내어 줬는데 그것을 마셨을 때의 산뜻한 느낌! 기계 작동에 의해 이렇게 향기 나는 커피 한잔을 저렴한 가격에 마실 수 있다는 시스템이 경이로웠습니다. 그 이후 데이롱 무인카페에 대해 관심을 갖기 시작했습니다. 다른 무인카페에 대해서도 많은 정보를 얻어 보았지만 데이롱카페의 비전과 전문성, 커피 맛에 감동하며 선택하게 되었고, 사업을 하기로 결정하였습니다.

개인적으로는 노년기에 무기력한 삶이 이어질 수 있지만, 데이롱카페를 운영하면서 역동적이며 긴장감 넘치는 삶과 근면한 생활이 유지될 수 있어서 무척 좋다고 생각합니다. 인창동 데이롱은 인근 고층아파트와 중학교 옆에 위치해 있는 9평의 조그마한 공간입니다. 하지만, 이웃분들이 커피 한 잔을 테이블에 놓고 마시며 삶의 희노애락을 이야기하는 지역의 한 사랑방 같은 공간이 되고 있습니다. 특히, 데이롱카페를 운영하기 위해 주변 환경을 청소하고 꽃을 심고 카페 내 전시공간을 활용하고 있는데 이를 통해 지역사회에 자그맣게 아름다운 환경을 제공하고 있다는 기쁨이 있습니다. 또한 프로젝트를 통해 소그룹 학습공간으로 활용하여, 그림 배우고 싶어 하는 사람들을 모아 지도할 수 있는 기회가 되어 좋다고 생각하고 있습니다.

똑같이 주어진 하루를 길게 사는 데이롱을 만나며 너무 바빠졌습니다. 지금까지 퇴직 후 할 일 없이 아픈 내 몸만 체크하며 늙어가는 모습만을 무의미하게 바라보며 시간을 보냈습니다. 그러던 어느 날 데이롱과 함께하며 아픈 것을 잊어버리고, 소소한 일을 열심히 하고 있는 나의 변화된 모습을 발견하게 되었습니다. 현재 나의 경우, 아픔이 피곤함으로 바뀌며 잠을 잘 자게 되었고 또한 잘 먹고 있습니다. 이러한 내게 데이롱카페는 사람들과 만남의 즐거운 소통의 창구가 되고 있습니다.

무인카페 운영은 나 자신의 멈추어진 행동과 사고로부터 탈피할 수 있는 기회인 것 같습니다. 자기 삶의 질을 향상시키고 작은 꿈(카페)을 이루면서 적당한 소득을 얻을 수 있습니다. 적은 시간 투자로 수입 창출을 할 수 있을 뿐만이 아니라 작은 공간에서의 소그룹 활동을 할 수 있습니다. 퇴직 후 일없이 무료하게 사시는 분들에게 추천하고 싶습니다.

자신의 무료한 생활을 멈추시고 시대적 흐름에 부응하는 무인카페의 경영주가 되시어 행복한 삶을 영위하시기를 추천합니다. "아무것도 하지 않으면 아무 일도 일어나지 않는다!"라는 말로 마무리합니다.

구리 인창점 점주 심인화

∮ CHAPTER 4 ∮

사업가에서 기업가로
바꿔준 데이롱카페

기업으로의 도약 발판은 '실력'

'이젠 사업을 성공시킬 수 있겠다!'

무인카페 가맹점 창업 후에도 직장을 다녔다. 직장과 회사퇴사(사업), 둘 중 하나를 택하는 것은 매우 고민스러웠다. 그런 나는 1년여 흐른 시점에 마침내 강한 확신을 얻었다. 기대 이상의 성공을 거둔 월곶 무인카페 운영을 통해, 내가 가맹계약을 소개해준 분들의 무인카페가 모두 매출 성과가 높은 것을 통해, 그리고 가맹점 본사 대표님과 함께 따라다니면서 무인카페 시스템을 익힌 것을 통해서 스스로 답을 얻었다.

실패를 안 할 자신감이 들었다. 우리나라에서 아직 초기 시장인 무인카페에서 사업을 한다면 엄청난 성공을 거둘 수 있을 것이라고 확신했다. 더 이상 시간을 지체할 이유가 없었고, 내가 가진 에너지와 역량을 총동원하기 위해 과감히 사직서를 냈다.

사직서를 제출하기까지 수많은 내적 갈등과 복잡 미묘한 감정의 소용돌이에 휩싸이곤 했다. 여느 사람과 마찬가지로 월급 때문에 쉽게 그만두지 못했다. 당장의 소득이 끊어져 버리면 소소한 경제생활은 물론 매달 고정값으로 나가는 비용에 대한 준비가 안되기에 그만큼 인생이 불행해질 수 있다고 생각했기 때문이다. 안정된 급여로서의 월급은 보통 사람들에게 엄청난 축복이다. 나의 경우 다달이 350~400만 원을 받는데 이자로 받는다고 생각하면 그것이 얼마만큼의 액수인지를 깨닫게 된다. 이자 3.5%로 매달 그 돈을 받으려면 은행에 10억을 예치해야 한다. 내가 받은 월급은 사실상 은행에 10억을 예치한 것과 거의 상응한다는 의미다. 그래서 노동을 해서 버는 근로소득인 월급을 상당히 중요시했다.

자산증식, 재테크, 사업에 관심 있는 분들에게 꼭 해주고 싶은 이야기가 있다. 반드시 자기 노동으로 버는 노동소득, 근로소득의 중요성을 꼭 한번 경험해보시라는 것이다. 이와 함께 일정 기간 반강제적인 근로를 통한 소득을 저축해보는 것을 강력히 추천한다. 노동을 통해 힘들게 벌어들이는 돈의 소중함을 깨닫고, 한푼 두푼 시드머니를 차곡차곡 모으는 경험이 매우 중요하다.

하지만 다른 관점으로 보면 월급은 월급쟁이들로 하여금 평생 제한된 시간과 영역에 가두고, 매달 정기적으로 순간의 달콤함에 취하게 하며 평생 일개미로만 안주하게 하는 마약이기도 하다. 월급은 보통 사람들을 고정 마인드셋으로 가두고 현실에 타협하게 만든다. 그런데 나는 '무인카페'라는 무인업종의 한 사업을 누구보다도 잘 해낼 수 있다는 강한 확신을 가졌다. 내 능력껏 주체적으로 돈을 벌기 위해 사업가로서의 삶에 도전하기로 했다. 결국 그 마약을 끊어버렸다.

퇴사한 2021년 10월 15일부터 내 인생의 큰 변곡점이 시작되었다. 퇴사하기 전 데이롱 1호점은 2021년 7월에 인천 도림동에 열었고, 9월에 브랜드 데이롱을 정식으로 런칭했다. 무인카페 사업에 관심 있는 주변 분들에게 이 사업의 시스템에 대해 설명하고 입지도 같이 봐드리면서 데이롱이라는 브랜드로 매장을 오픈시켜주었다. 서서히 본격적인 사업의 영역으로 들어가게 되었다. 그 사이에 내가 최초에 오픈했었던 월곶 무인카페는 계약만료가 되어 간판을 데이롱카페로 달았는데 이곳이 현재 데이롱카페 본점이다.

파죽지세로 데이롱카페가 성장을 해나갔는데, 늘어나는 사업매출과 세금 문제 때문에 불가피하게 다음 해 2022년 6월에 법인전환을 해야만 했다. 개인사업자로서 사업을 할 때와 달리 법인으로 전환해서 사업을 진행할 때는 새로운 마음가짐이 있었다. 내 스스로 다시 한번 경각심을 갖고 자기 확신을 하면서 다짐했다.

'정식 법인을 만든 시점부터는 기업의 단계겠구나. 기업을 운영하는 대한민국의 기업인으로서 사명감을 갖고, 내 나름대로의 기준을 잡아

서 본격적으로 브랜드 데이롱을 성장시켜봐야겠다.'

개인적으로 가수 박진영을 무척 좋아한다. 그는 가수로 입지를 다진 후에 지금의 JYP를 일궈냈다. 그는 인맥을 먼저 갖추거나 인간관계를 먼저 좇지 말고 그럴 시간에 자신의 '실력'을 키우라고 말했다. 본인의 실력을 키워놓으면 알아서 인맥이 형성이 되고 인간관계가 성장한다고 했다. 그는 사람들은 비교적 이기적일 수 밖에 없기 때문에 본인에게 도움이 된다면 서로 도와준다고 하면서, "실력을 키우고 몸을 관리하는데 시간을 우선적으로 두라"고 말했다. 실제로 박진영은 본인 스스로 가수로서 먼저 댄스, 노래 실력으로 정점을 찍었고, 이후에 프로듀서로서 지금의 대형 기획사를 세웠는데 알아서 인간관계와 인맥이 따라오고 있다. 이와 더불어 엄청난 부가 따라오고 있음을 알 수 있다.

나도 이와 같았다. 내가 부동산 투자에 이어 무인카페에서 '실력'을 발휘하자, 저절로 주위에 사람들이 모여들었다. '무인카페'라는 사업의 영역으로 가맹점을 모집할 때는 지인들이 모여들었고, 기업 성장으로 발돋움하는 지금의 순간에는 전국에서 데이롱카페에 관심 가져주시는 분들이 모여들었다. 경영주님들 한 분 한 분의 성공이 쌓이기 시작하면서 데이롱카페가 나날이 성장해갔으며 이에 따라 자연스럽게 부도 따라붙었다.

그러면 프리미엄 브랜드 '데이롱 무인카페'만의 강력한 '실력'은 무엇일까? 이에 대해서는 설명회 때든 미팅 때든 이렇게 안내가 나가고 있다.

"기본적으로 무인카페는 인건비나 고정 관리비가 최소화되고 매장 관리, 운영 측면에서는 최소 노동력만 필요하므로 부업으로 굉장히 좋습니다. 데이롱 원재료 원가율은 보수적으로 24% 잡고 있고 매출 순이익은 매출액의 76%입니다. 그 금액에서 월세와 공과금, 고정 관리비를 제외한 게 순이익이죠. 그다음에 세금을 제외한 게 영업이익이 되겠죠. 영업이익을 보면 통상 월평균 매출액에서 월세가 높은 곳은 한 51%, 그리고 월세가 좀 저렴한 곳은 55% 정도 잡으시면 돼요."

이는 데이롱카페의 수익구조를 말하는 것이다. 최근까지 "차 리스료 대신 월급 2번"이라는 슬로건을 계속해서 펼치고 있는데, 전국의 많은 경영주님들의 노고와 '데이롱' 본사의 브랜드 성장 속에 나온 결과물이다. 이렇듯 데이롱카페는 타 무인카페에서는 감히 넘볼 수 없는 수익구조를 갖고 있다. 데이롱카페의 초기 투자비용은 상가 보증금과 권리금을 제외하고 8평 기준 4,300~6,250만 원(부가세 별도)으로 창업을 할 수가 있는데, 가맹경영주님들이 가져가시는 평균 순수익은 200만 원에서 350만 원 사이이다. 모든 가맹사업자에게 충분히 매력적인 수익을 가져다줄 수 있게끔 하는 게 데이롱만의 본질이자 실력이라고 생각한다.

데이롱카페의 음료의 경우, 정말 맛있고 고급진 원두와 에이드 원액을 메인으로 사용하고 있는데 소비자 가격은 절대 싸기만 하지 않다.

무인카페는 무조건 가격이 저렴해야 한다는 고정관념과 선입견에서 완전히 탈피한 합리적인 소비자 객단가를 브랜드 런칭 초창기부터 맞춰놓았다. 때문에 경영주님들은 저가형 소비자 가격으로 박리다매하는 것보다 훨씬 더 많은 수익을 알차게 가져가실 수 있다.

현재 데이롱카페 경영주님들의 대다수는 본업이 있으면서 최소한의 노동으로 본업의 급여에 준하는 수익을 가져가신다. 그래서 "차 리스료 대신 월급 2번"이라는 슬로건으로 데이롱 홍보를 하고 있다. 즉, 최소한의 노동이라 하면 하루 한두 번 매장방문에 실제 노동 투입 시간 평균 1시간 전후 정도이다. 따라서 본업의 수익이 없어지지 않고 유지된 상황에서 추가 현금흐름을 만들고 있다.

브랜드 런칭 초창기에는 한 달에 5개씩 가맹점이 확장되었던 것이 7~12개로 늘고 현재는 15~20개까지 무서운 속도로 점포가 확장이 되고 있다. 결과적으로 최초 브랜드 런칭 후 10개월 만에 매출 문제와 세금 문제 때문에 불가피하게 개인사업자에서 법인전환을 했고, 법인전환 후 불과 1년 사이에 전국 가맹점 수 200호점을 돌파했다. 2023년 말 기준, 보수적으로 봐도 연매출 80억원 정도 달성할 것이라 예상하고 있다. 계속해서 가파르게 가맹점이 늘어가고 있고 책이 출간할 때쯤에는 가맹점 260호가 넘어갈지도 모르겠다.

시대적인 운의 타이밍과 잘 맞은 것도 데이롱의 성장 요소의 하나다. 요새 N잡러라는 신조어가 등장할 만큼 본업과 본캐 외에 여러 부캐와 여러 개의 부업을 갖는 것이 일반화되고 있다. '평생직장'이라는 개념이 사라지고 있고 끊임없이 자기의 적성과 환경에 맞게 이직하며 경험과 경력을 쌓고 창업을 하는 분들이 있다. 다달이 받는 월급보다 물가나 자산가치가 더 빠르게 상승하니 특히 직장인들 중에 최소한의 투자비용과 노동력으로 할 수 있는 부업을 찾는 분들이 정말 많아졌다. 부업으로 할 수 있는 영역은 무궁무진하고 이에 대한 정보도 방대해서 기회의 창은 누구에게나 열려있다. 이러한 시대적 흐름 속에 데이롱카페는 본업 외에 알차게 현금 파이프 라인을 구축하기에 제격인 부업으로 주목받고 있다. 많은 직장인들과 본업이 있으신 분들이 왜 데이롱카페를 선택했을까? 검증된 데이롱만의 플랫폼과 시스템 속에서 가맹점주에게 확실한 수익을 보장해주기 때문이다.

현재, 데이롱카페는 무인업계 프리미엄 브랜드 '데이롱'으로 3~4년 내에 IPO를 목표로 성장하고 있으며, 건실한 기업체의 모양새를 갖추어가고 있다. 데이롱카페의 성장을 위해, 내 '실력'을 분담해서 일을 해줄 핵심 직원들을 계속해서 뽑고 있다. 영업기획&지원, 영업, 경리, 재무, 사무, 브랜딩&마케팅, 매장관리, AS/CS 등의 분업화된 조직체계에 적재적소의 적임자를 배치하고 있다. 이와 더불어 직원들과 함께 창업박람회, 창업 설명회를 꾸준히 추진하고 있으며, 현재 메가박스 상영관, SNS, 유튜브 그리고 언론보도를 통해 홍보를 지속적으로 하고 있다.

프랜차이즈의 꽃, '영업'

:

 데이롱카페 사업의 틀은 프랜차이즈업이다. 프랜차이즈업의 성장 메카니즘은 어떤 한 아이템과 시스템으로 자본을 벌 수 있는 정확한 방법과 전략을 '브랜딩'을 통해 가맹경영주분들에게 소개 및 공유하는 것이다. 이를 통해 아이템과 시스템을 활용해서 매출을 일으키고 가맹사업자들이 수익을 가져갈 수 있게 매장 오픈을 도와주고 각종 사업에 대한 팁을 제공하는 것이다.

 이를 위해 가맹본부와 가맹경영주는 상호 신뢰를 바탕으로 윈윈하는 방향으로 나아간다. 탄탄한 본사의 성장과 더불어 가맹경영주가 많이 늘어나고 확장이 됨에 따라 전국적으로 특정 아이템과 브랜드를 사랑하고 소비하는 소비자가 늘어나는데, 이에 따라 브랜드 가치가 올라

가게 된다.

데이롱카페는 여타 브랜드나 업종과 비교했을 때 비교적 빠른 속도로 성장하고 있다. 가장 큰 핵심 이유는 '영업'이다. 위에서 말했듯이 프랜차이즈업은 예비경영주 혹은 가맹 희망자를 많이 모으고 그들에게 효과적으로 이 사업의 핵심적인 본질과 수익성 그리고 각종 장·단점을 잘 전달해서 가맹사업으로 이어질 수 있게 설득하는 게 중요하다. 즉, 아무리 사업 아이템이 좋고 시스템 & 플랫폼이 뛰어나도 영업력이 뒤처지면 본질적으로 '프랜차이즈업'이라는 메카니즘이 성장할 수가 없다.

현재, 데이롱카페에는 영업직이 없다. 지금까지의 데이롱카페의 영업은 내가 도맡아서 해왔다. 내가 직접 경영주님들과 미팅하고, 해당 입지에 같이 임장을 해드리며 계약 진행을 조율해왔다. 개인적으로 사업의 꽃은 '영업'이라고 생각한다. 영업의 형태나 방식은 업종에 따라 다르겠지만 나의 경우, 프랜차이즈 사업 성공의 초석인 '영업'을 통해 예비경영주님들에게 사업 아이템이 매력적으로 끌리게 해오고 있다.

나는 평상시 서울과 경기도 전역을 오가면서 하루에 최대 4~5팀을 만나서 영업을 한다. 데이롱카페 초기에는 단 1건도 계약이 성사가 안되거나 계약이 됐다가도 온갖 변수로 인해서 계약이 파기되는 경우가 부지기수였다. 거의 계약이 되었다고 생각했던 것이 사람의 변덕스러운 심리로 인해 뒤엎어지는 사례가 많았기에 고충이 적지 않았다.

어느 날은 영업의 시작과 끝이 거절에서 시작해서 거절로 끝날 때고 있었다. 이때는 기운이 새어나가고 몸도 마음도 지치고 정말 다 내려놓고 싶을 정도가 되었다.

하지만 주저앉지 않고 꿋꿋이 영업을 해오고 있다. 지금은 내 나름의 맞춤형 영업 노하우가 생겼다. 나는 매번 창업박람회나 창업설명회, 미팅 자리에서 예비경영주님들을 만날 때 상대방이 어떤 관점과 니즈로 이 사업을 바라보고 있는지를 단번에 캐치하려고 집중을 많이 한다. 내가 만난 예비경영주님들은 크게 볼 때 이렇게 분류가 된다.

- 무인카페 사업의 정확한 분석과 정보(매출과 순이익, 입지 등)를 얻으려는 분
- 미래의 사업 성장 가능성(브랜드성)을 눈여겨보는 분
- 단순 호기심(단순문의)을 가진 분
- 창업이 간절한 분(창업 열망), 데이롱 창업을 확신한 분(기존 경영주님의 소개)
- 경쟁사 탐방(타사 브랜드와 비교분석)을 하는 분

이 5가지 유형에 맞춤형으로 영업을 진행하면, 상당히 효율적이 되므로 쓸데없이 시간 낭비할 필요가 없다. 진실로 가맹을 체결하고자 하는 분에게 더 많은 시간과 에너지를 투자할 수 있다. 그래서 상대적으

로 가맹점 계약 성사율이 높이게 되었다.

이와 더불어 본격적인 대화에 들어가기에 앞서 하는 것이 있다. 예비경영주님들의 개인적인 성향을 파악하는 것이다. 말하는 어조, 표정, 억양, 말하는 용어의 범위, 성별, 연령대, 종사하고 있는 직업 분야 및 경력, 배우자 직업 등을 종합적으로 취합한다. 이를 토대로 내가 어떻게 상대방과 소통할지를 정한다. 크게 4가지 방식이 있다.

- 대화 내용이나 패턴을 다양하게 하기
- 대화를 한가지로 일관되게 하기
- 방대한 정보를 줘서 이해와 납득하게 하기
- 상대의 이해도가 높아서 정보를 많이 주지 않기

이 가운데 하나를 결정하여 대화를 이어간다. 그러면 대화가 술술 풀린다. 한 40대 여성 학원강사는 영업이 끝나자 이런 반응을 보여 주었다.

"내가 말하기로는 어느 누구에게도 뒤지지 않는 사람입니다. 근데 대표님은 진솔하게 그리고 핵심을 짚어서 대화를 일관되게 잘 이끌어 가시네요. 그래서 설득력이 있었어요."

한 50대 남성 직장인에게 영업을 할 때, 그가 이런 피드백을 주었다.

"내가 20여 년 사무직에 종사해 와서 사업 분야를 잘 모릅니다. 특히나 무인카페는 잘못 투자했다가 돈을 날릴까 봐 걱정이 들었습니다. 근데 대표님이 직접 다양하고 방대한 자료를 제시하여 귀에 쏙쏙 들어오게 설명해 주시니 무인카페에 대한 확신이 듭니다. 데이롱카페와 함께하고 싶습니다."

이렇듯 상대방의 성향을 파악하여, 그에 초점을 두고 주도적으로 대화를 이끌어 가고 있다. 지금은 수많은 사람을 상대로 영업을 해오는 동안 저절로 나에게 직관력이 생겼다. 이에 따라 상대를 대면하는 짧은 순간에 상대의 니즈와 관심, 성향을 파악해내어 효과적으로 대화를 주도하고 있다. 그 결과, 영업 실적이 나날이 성장해가고 있다.

소비자의 선입견
뒤집기 전략

"무인카페인데 이렇게 많은 비용을 투자할 필요가 있을까요? 어차피 무인카페에는 사람이 많이 오지 않을 건데 임차료 싼 곳에서 적은 비용으로 하는 게 좋지 않을까요?"

"무인카페인데 음료 소비자 가격이 저렴해야 손님들이 계속해서 오지 않을까요?"

데이롱카페를 창업하고자 하는 대다수 예비경영주님들의 말이다. 이들은 기존의 무인카페 시장에 대해 어느 정도 이해도를 바탕으로 "무인카페는 무조건 모든 방면에서 저렴하게 하는 것"이 마케팅 포인트라고 생각하고 있다. 이것은 온라인상의 무인카페 창업과 관련한 잘못된 정보들에서 비롯되었다. 그래서 자연스레 소비자분들이나 예비경영주분들에게 '무인카페는 싼 것'이라는 고정관념이 고착화되었다. 과연, 그럴까? 그 결과는 현실에서 보듯이 폐업의 수렁이다.

무인카페라고 해서 무조건 싸게 해야 한다는 것은 일종의 선입견이다. 이를 맹목적으로 따라 하다가는 폐업하게 되는데 그 이유는 네 가지다.

첫 번째 입지의 경우, 선입견에 사로잡힌 무인카페는 월세와 보증금 싼 곳 그리고 평형이 작은 데에서 카페를 연다. 그러면 창업 초기 비용을 줄일 수 있지만 상권이 완전히 낙후되었거나 사람이 잘 다니지 않는 외진 공간이므로 매출이 잘 발생 되지 않는다. 무인카페니까 저렴한 비용이 드는 입지를 선택하는 것이 오히려 독이 되고 만다.

두 번째 인테리어의 경우, 선입견에 사로잡혀 저렴한 창업비용에 매몰된 무인카페는 누가 봐도 인테리어 비용을 투자 안 한 것으로 단번에 알 수 있다. 날림 공사로 만들었기에 미적 퀄리티가 떨어져서 종교시설 다락방 느낌이 나고, 형광등 조명이 안 좋으며, 의자와 탁자가 사무실의 것으로 딱딱하게 느껴진다. 내부 분위기가 좋지 않으며 간판도 안 이쁘다. 카페 특성상 시각적으로 보이는 외형과 공간이 주는 안락함이 상당히 중요하다. 단지 예쁜 인테리어라는 이유로 고객이 많이 찾기도 하는 시대이므로, 인테리어가 속된 말로 너무 허접하거나 이상하다면 고객들은 그 공간에서 커피를 마시고 싶은 생각이 들지 않는다. 안 좋은 인테리어는 곧 카페의 상품성을 현저히 떨어뜨린다.

세 번째 커피의 경우, 선입견에 고착된 무인카페는 인건비 안 드는 무인카페이니까 가격이 저렴한 저품질의 커피를 제공한다. 소비자 또한 무인카페는 자판기 정도의 커피머신이 저품질의 싸구려 커피를 제공한다는 선입견에 사로잡혀있다. '무인카페= 가격 저렴한 저품질 커피'라는 공식은 누가 만들었을까? 이 공식은 무인카페의 초기 시장이 형성되어 가는 지금 시점에서 잘못 만들어진 것이라고 생각한다. 현재, 커피머신을 만드는 제조사와 군소업체 무인카페 브랜드 회사는 예비 카페창업자들에게 오로지 커피머신 판매와 원두유통을 통한 수익만 챙기려는 1차원적인 목적에만 초점이 맞춰져 있다. 이 과정에서 카페의 본질인 커피 원두의 질이 떨어져서, 무인카페에 맛없고 싼 커피가 많이 나오게 되었다. 카페 본질을 거스르기 때문에 장사가 잘 될 수 없는 것이 분명하다. 갈수록 매출이 하락해서 폐점의 위기를 맞닥뜨리게 된다.

네 번째 머신 AS/CS의 경우, 선입견에 사로잡힌 무인카페는 머신 자체의 심각한 하자로 인한 영업자체가 불가능하거나 AS/CS의 늑장대응 문제가 발생한다. 무인카페 플랫폼에서는 사람 대신 일을 열심히 해주는 커피머신 작동의 연속성이 매우 중요하다. 그런데 사람도 때로는 아파서 병원에 가거나 휴식이 필요할 때 연차를 사용하는 것처럼, 머신

143

도 사람과 마찬가지로 간헐적으로 에러나 오류가 나서 오작동이 발생할 수 있다. 따라서 소프트웨어 및 하드웨어적인 문제로 인해 머신에 대한 AS/CS가 정기적으로 꼭 필요하다. 하지만 저렴한 창업비용의 무인카페는 저렴한 머신만을 구입한 탓에 머신 성능이 낮고 고장이 잦으며, 아예 영업을 못할 정도로 셧다운 되는 경우가 부지기수다. 특히 고장이 났을 때 신속한 AS/CS가 중요하지만, 제조사의 AS를 의존하기에 고장 수리에 많은 시간이 걸린다. 머신 사용에 불편함을 경험한 고객은 매장을 다시 방문하기를 꺼리게 된다.

무인카페라고 해서 매장입지가 너무 외진 곳에 위치해 있거나, 인테리어가 안 쁘고 커피 맛이 없으며 저렴하게 판다면 고객들이 이해해줄까? 고객들은 싼 게 비지떡이라는 생각으로 싼 맛에 무인카페를 자주 방문해줄까? 절대 그렇지 않다.

예비창업자분들이 가장 크게 실수하는 것은 창업해서 일정 매출과 수익을 내는 것에 초점을 두는 것이 아니라, 저렴한 비용으로 매장을 오픈하는 것에 목적을 두는 점이다. 즉, 매장의 모든 측면에서 저렴하게만 투입비용을 잡아도 '무인카페'이니까 소비자분들이 매장이 덜 이쁘거나 커피 맛이 없어도 이해를 해줄 것이라는 큰 착각을 하며 창업을 준비한다는 것이다. 고객들은 절대 시장성이 떨어지는 상품과 서비스를 이용하지 않는다. 고객은 냉정하게 일반 유인카페와 비교해도 손색이 없을 정도로 무인카페가 상품성을 갖추지 않는다면 결코 방문하지 않는다.

데이롱카페는 '무인카페는 싸게'라는 고정관념 자체를 뒤엎는 전략을 세웠다. 이것이 프리미엄 브랜드 '데이롱'을 런칭한 이유이다. 전략은 네 가지로 구체화되었다.

첫 번째 입지 선정의 경우, 월세와 보증금이 싼 곳 위주로 입지를 찾는 게 아니라 매출이 잘 나올 곳에 방점을 찍고 자리를 선정하고 있다. 이 과정에서 데이롱 본사에서 선제적이고 주도적으로 입지를 찾고 임장을 진행하는데, 주로 내가 직접 해왔다. 현재 회사가 성장함에 따라 담당 직원들이 투입이 되기 시작했다. 평상시에 거점별로 입지를 미리 물색을 해서 임장을 마쳐놓고 입지분석자료를 만들어 놓는다. 그다음 예비경영주님께 해당 입지자료를 공개해 드리고 있다. 필요 시 예비 경영주님들과 현장에서 직접 입지를 같이 보고 검토하면서 대면 미팅 후 가맹계약 조율 진행을 하고 있다.

입지 선정할 때 본사의 리스크가 없지 않았다. 생각보다 수익이 저조한 입지 선정에 대한 책임을 일정 부분 져야 하기 때문이다. 이런 점 때문에 타 무인카페 브랜드 회사는 입지 선정에 대한 판단을 막연하게 예비 창업자들에게 맡기거나, 특정 입지선정에 대한 기준을 먼저 제시하기보다는 상가임대차 조건(권리금, 보증금, 월세 등)이 무조건 저렴하게 세팅되어 있는 곳 위주로 가맹점을 내주기도 한다.

본질적으로 매출이 잘 나오고, 못 나오는 입지에 대한 정확한 판단 기준이 서지 않으면 무인카페 사업은 성공할 수 없다고 본다. 그래서 데이롱의 경우 본사에서 입지선정을 주도적으로하고 있다. 사실, 나는 사업 초기에 과연 어느 입지가 잘 될지 확신을 가질 수 있는 데이터가 전혀 없었다. 하지만 서서히 시간이 지나면서 많은 가맹점들이 높은 매출 성과를 내는 것을 보면서 그제야 입지 선정에 대한 기준을 정립하게 되었다.

이제는 어느 입지에서 매출이 잘 나오고, 어느 입지에서는 좀 덜 나온다는 명확한 기준이 세워졌다. 월세가 비싼 곳에 들어가도 매출이 더 잘 나오는 곳에 대한 기준도 있다. 이것이야말로 타사가 감히 넘볼 수 없는 데이롱카페의 핵심역량이다. 창업 설명회 때 입지 선정에 대한 명확한 기준을 알려드리면 많은 분들이 신뢰를 보내주시고 있다.

두 번째 인테리어의 경우, 세련되고 예쁜 공간을 만들고 있다. 데이롱카페는 '공간이 주는 힐링감'의 인테리어로 무인업계 프리미엄 브랜드 데이롱을 지향하고 있다. 무인카페라고 하면 투자 비용을 줄이기 위해 전혀 신경을 쓰지 않은 안 이쁜 인테리어로 알려져있다. 이와 달리 데이롱카페는 세련된 느낌으로 인테리어와 공간연출을 자아내서 소비자분들에게 큰 사랑을 받고 있다. 쾌적하고 깔끔한 공간을 대여해주면서 양질의 맛 좋은 커피를 제공해줌으로써 한번 오신 고객님들이 확실한 재구매 의사를 갖게 하고 있다. 이를 통해 매출이 계속 상승하는 구조이다. 소비자들은 '무인카페'라고 해서 인테리어에 신경을 못쓰거나 신경을 덜 쓰거나 신경을 안 쓴 것을 절대 이해해주지 않는다. 무인카페든 유인카페든 구별하지 않고 가격은 합리적이면서 조금이라도 예쁜 공간에서 커피 한잔 하고 싶어하는 것이 소비자의 마음이다.

세 번째 커피의 경우, 최고의 원두를 쓰기 때문에 진짜 맛있는 커피를 제공하고 있다. 데이롱카페의 핵심 경쟁력 중 하나는 남들이 말하는 뻔한 정도의 원두를 사용하고 있지 않다는 것이다. 일반 유인카페에서도 원가와 단가 때문에 수지가 안 맞아 쓸 수 없을 정도의 고급 원두를 사용하고 있다. 데이롱의 시그니쳐로 사용하는 원두는 UCC 원두와 예가체프 싱글오리진 G2 원두이다. UCC원두는 일본 커피의 아버지로 불리우는 우에시마 타다오가 설립한 우에시마 커피 컴퍼니의 제품이다. 그리고 UCC 그룹은 명품 커피산지인 자메이카 블루마운틴지구, 하와이 코나지구에 직영농원 보유하고 있으며, 세계 커피 생산국 1, 2위인 브라질과 베트남에 품질관리 거점을 설치하고 있다.

UCC원두는 실제로 서울 송파구 모 5성급 호텔에서 한잔에 2만 원에 판매되는 아이스 아메리카노의 원두와 동일하다. 데이롱카페에서는 한 잔을 2,200원(UCC원두)과 3,200원(스페셜티 원두)에 판매하니까 무인카페 기준에서 보면 가격이 비싸다고 생각할 수 있다. 일부 예비 경영주분들이나 소비자분들이 비싼 가격으로 부담을 갖는 경우도 있지만 직접 한잔 마시고 나면 이렇게 말한다.

"와, 맛 진짜 괜찮아요. 진하게 잔향이 많이 남네요!"

이 말은 무인카페에서도 이 정도 품질의 커피라면 조금 비싼 가격을 지불한 충분한 가치가 있다고 보는 것이다. 카페의 본질은 커피 맛이라고 볼 때, 데이롱카페는 정확히 소비자의 핵심 니즈를 끌어내고 있다.

네 번째 머신 AS/CS의 경우, 데이롱 본사가 자체 개발한 소프트웨어 프로그램 및 앱의 원격제어와, 본사 AS/CS 팀을 통해 머신 고장에 즉각적으로 대응하고 있다. 머신 문제의 80% 이상은 원격제어를 통해 해결을 하고 있다. 그래도 해결이 되지 않는 머신 이상은 데이롱카페 본사 직속으로 구축된 담당 AS/CS 팀이 해당 매장에 직접 방문해서 머신 문제를 해결하고 있다. 무인카페는 머신의 역할이 제일 중요한데 24시간 365일 작동하다보면 간혹 고장이 나는 일이 생긴다. 이때 이를 빨리 대응해서 머신을 정상적으로 작동시켜야 매장의 손해를 최소화할 수 있다.

타 무인카페의 경우, 원두 유통마진에 신경을 쓰다 보니 AS/CS 인력을 뽑지 않고 있는 게 현실이다. 따라서 본사가 아닌 머신 제작회사와 원두커피 회사에 연락을 해야 하며, 또한 그곳에서 매장에 도착해 머신을 수리하는 데 많은 시간이 소요된다.

이와 달리 데이롱카페는 원두 유통 마진을 최소화하여, 점주님들의 많은 수익을 가져가게 하고 있다. 이와 더불어 선투자를 하여 AS/CS 팀을 구축하여 매장의 머신 문제를 즉각적으로 수리해주고 있다. 점주님 입장에서는 머신에 이상이 생겨도 큰 걱정을 하지 않아도 된다. 빠른 시간 내에 문제가 해결되기에 매출에 큰 변동이 없기 때문이다.

무인업계 특히 '무인카페 시장'은 이제까지 없었던 산업군이다. 지금 막 성장해가고 있기에 뚜렷하게 정해진 규칙과 룰이 없다. 그래서 무인으로 하는 카페는 창업비용부터 소비자 가격, 인테리어, 임차료 등 모든 비용이 싸고 저렴해야 한다는 선입견이 생겨난 것 같다.

이러한 선입견은 앞으로 데이롱이 무인업계와 무인카페 시장을 선도하는 과정 속에서 사라질 것이라고 확신한다. 무인카페도 극과 극으로 소비자분들에게 사랑받는 곳만 살아남을 것이라 본다. 무인카페가 살아남으려면 어떻게 해야 할지는 답이 나왔다. 후미지고 이면에 위치한 B~C급 상권에서 벗어나서 실제로 유동인구가 많으며 24시 공간이 제공되는 입지, 힐링감 주는 세련된 인테리어, 합리적인 가격에 정말 맛있고 고급진 커피, 만족스러운 AS/CS 시스템의 4가지 요소를 충족되어야 한다. 무인카페 '데이롱카페'은 이 4가지를 충족시키고 있는데, 유인카페도 압도할 수 있는 경쟁력을 갖추게 되었다.

일반 소비자분들과 대중들이 "그럴 거야", "저럴 거야"라고 예상하는 생각의 범주 곧 선입견과 고정관념을 깨뜨려야 한다. 변화하는 흐름을 재빨리 객관적으로 인지하여 남이 가지 않은 새로운 길을 만들어야 한다. 선입견을 깨뜨리고 있는 데이롱카페는 데이롱만의 매력 포인트로 소비자들을 끌어모으며 압도적으로 성장하고 있다.

무인카페 문화를
선도하는 중

무인카페 창업을 생각하는 분들의 걱정거리는 매장 청소와 매장 관리다. 상주하는 사람이 없다 보니 수시로 청소하는 게 불가능하다. 고객이 커피를 마시다가 흘릴 수 있고, 또 마카롱을 먹으면서 부스러기를 떨어뜨릴 수 있다. 이 흔적은 고스란히 탁자 위에 남게 된다. 또한 휴지가 바닥에 떨어진다든지, 탁자와 의자가 제멋대로 놓이는 일이 생길 수 있다.

게다가 누군가 무인카페에 들어와서 영업을 방해하는 일도 우려스럽다. 취객이나 일부 비행 청소년이 들어와서 매장을 난장판으로 만들거나 위화감을 조성하여 다른 손님에게 피해를 줄 수 있다. 따라서 매장이 지저분해지고 운영관리가 원활하게 돌아가지 않을 가능성이 항상 존재할 수 있다.

이점에 대해서는 긍정적인 관점으로 바라봐야 한다. 무인 카페 사업의 핵심은 '내 본업을 잃지 않은 상황에서 최소한의 노동력으로 서비스 제공을 하고 수익을 창출하는 것'이다. 따라서 매장이 더럽혀지고 운영관리가 잘 안되는 것은 기회비용으로 충분히 지불할 만한 것으로 볼 수 있다. 더욱이 하루에 한두 번 매장에 방문해서 정기적인 청소로 충분히 매출에 지장 없을 정도의 위생이 유지가 될뿐더러 매장 영업에 방해되는 불미스러운 일도 대부분 예방이 되고 있다. 중요한 점은 무인 카페 매장이 불결해지고 영업 방해가 되는 리스크는 유인업종에서 발생하는 리스크 대비 크지 않다는 것이다.

나는 지금도 데이롱 직영점 매장을 운영하고 있다. 처음 내가 창업했을 당시에 매장관리와 운영에 대한 고민과 걱정이 생각보다 컸지만 기우에 불과하다는 것을 경험했다. 이외로 무인카페 매장이 깔끔하게 잘 유지되며, 영업 방해 소동이 잘 생기지 않는다. 두 가지 이유를 들수 있다.

첫째, 무인카페는 자정 작용으로 상당히 청결하고 단정하게 유지되고 있다. '깨진 유리창의 법칙'을 아는가? 1969년 스탠포드 대학 심리학자 교수 필립 짐바도르의 현장연구와 미국의 사회심리학자 제임스 윌슨과 범죄학자 조지 켈링에 의하여 1982년 처음 소개된 범죄심리학

이론이다. 이는 건물 또는 차 주인이 깨진 유리창을 방치하면 지나가는 사람들이 그 건물과 자동차가 관리가 안 되는 것으로 보고 장난삼아 돌을 던져 나머지 유리창까지 모조리 깨뜨려서 더 많은 창문이 깨지는 것을 말한다.

이 법칙의 핵심은 간단하다. 깨진 유리창 하나를 방치하면 그 지점을 중심으로 범죄가 확산되기 시작한다는 이론으로, 사소한 무질서를 방치했다간 나중엔 지역 전체로 확산될 가능성이 높다는 의미다. 이는 데이롱 카페 운영관리에도 동일하게 적용된다고 보면 된다.

일반적으로 예비 경영주님들이 가장 많이 우려하는 부분 중 하나가 '매장 내에서 고객님들이 이용한 후 쓰레기 뒤처리를 잘할까?'라는 것이다. 결론을 말씀드리면 의외로 악의적으로나 개념 없이 매장을 더럽게 쓰거나 쓰레기를 안 치우고 가는 고객님들이 생각보다 적다.

데이롱은 프리미엄 브랜드로 런칭을 했고 애초에 굉장히 세련된 인테리어와 은은한 간접조명 그리고 값비싸고 맛있는 커피로 운영이 되고 있다. 보통 데이롱은 후미진 곳이거나 낙후된 지역 곧 일반 유인카페들은 범접할 수 없는 지역에 입점기준에 맞으면 잘 들어간다. 그런 동네 근처에 있는 소비자들이 '우리 동네에도 이런 깔끔하고 세련된 카페가 들어왔네'라고 생각하며 충성도 높게 자주 애용하게 된다. 기본적으로 고객들이 데이롱카페는 상당히 고급스러운 공간이라는 인식을 하기 때문에 그에 맞게 자발적으로 깨끗하게 이용하고 있다.

이와 달리 싼 티가 나거나 너무 저렴해 보이는 인테리어나, 맛과 분위기가 떨어지는 무인카페가 동네에 문을 연다면, 애초에 고객들이 이용을 잘 안 하며 설령 이용하더라도 그곳을 쉽게 생각하고 함부로 대해도 되는 공간으로 생각할 가능성이 높다.

데이롱카페의 머신에는 단골등록 기능이 탑재되어 있는데, 한번 매장을 이용하신 분들이 단골로 등록하여 계속해서 재구매 의사를 갖고 오시는 분들이 상당히 많다. 이 고객분들이 스스로 알아서 깨끗하게 치우시는 경우가 많다. 그리고 본인이 사용한 컵과 함께 네프킨을 휴지통에 버릴 뿐만 아니라 본인이 흘린 음료는 물론이고 심지어 다른 사람이 탁자 위에 흘린 음료, 제과 부스러기도 물티슈를 가져와서 닦는 '천사 같은' 고객님들도 많다. 이런 식으로 계속 소비자분의 선순환 자정작용으로 매장이 청결하고 단정하게 유지되고 있다.

그렇다고 해서 경영주님이 두 손을 놓는 것이 아니다. 기본적으로 하루에 한두 번 정도는 꼭 매장에 가서 데이롱 본사 매뉴얼대로 매장관리과 청소를 꼼꼼히 해주시고, 위생&청결에 각별한 신경을 쓰며 지속적으로 원격 CCTV로 모니터링 하면서 매장관리에 만전을 기해주시고 있다.

둘째, 무인카페에 생길 수 있는 법적 처벌 수준의 영업 방해 행위는 예방 장치를 마련하고 있다. 예를 들어 취객이 와서 난장판을 만들거나 비행청소년들이 와서 소동을 부리는 일이 우려되는 게 사실이다. 이게

153

만연되어 소문이 나면 매장을 이용하는 고객님들의 발길을 끊게 만들고 매출손해의 직격탄을 맞게 된다.

24시 운영되는 무인카페 특성상, 심야나 새벽에 영업을 방해하는 일이 간헐적으로 생길 수 있다. 데이롱카페 본사 직영점의 경우, 취객이 들어와서 머신을 장난삼아 뒤로 밀쳐서 손상시키고, 손님들끼리 앉아서 이야기하다 리액션을 과하게 하면서 벽에 주먹으로 수차례 가격하다가 벽이 움푹 패이는 일이 있었다. 사실 이러한 부분에 대해서는 큰 걱정을 하지 않아도 된다. 재물손괴죄(700만원의 벌금 혹은 징역 2년)가 엄격하게 적용되어 형사처벌이 가능하며, 데이롱 매장에 24시 돌아가는 CCTV가 통상적으로 3대 또는 4대가 설치되어 불법적인 행위를 실시간으로 녹화하고 있기 때문이다. 또한 라이브 방송도 언제든지 가능하며 녹화된 영상은 최대 한 달까지 확인할 수 있다. 결정적으로 피의자 또는 가해자들이 매장에서 사용한 카드를 통해 수사기관에 요청 시 5~10분 안으로 개인 신원조회(성명, 나이, 사는 곳, 카드번호 등)가 바로 된다.

매장에서 영업 방해를 하는 행위에 대해 즉각 대응하는 방안도 있다. '에스원' 경비업체에 연락을 하면 5분 내에 도착해서 소란을 피우는 사람을 밖으로 내보낼 수도 있다. 이와 함께 매장에 위화감을 조성하는 비행 청소년이 특정 시간대에 자주 출몰할 경우, 관할 파출소에 순찰을 돌아달라고 협조 공문을 보내서 비행 청소년이 다시는 출입 못하게 사전예방할 수가 있다.

'무인카페' 자체는 생긴 지 6년이 넘어가고 있지만 무인업계에서의 무인카페가 제대로 확장하고 있고 대중에게 알려지고 있는 것은 최근이다. 즉, '무인카페 문화'라는 것이 최근 생겼고, 지금이야말로 새롭게 정착되고 있는 단계다. 따라서 무인카페 산업이 성장하면서 그에 따라 무인카페를 이용하는 고객들의 자발적인 에티켓이 하나둘 만들어지고 있는데, 이는 우리나라 음식점에서 셀프 문화가 들어온 후 서서히 자리 잡으면서 이제는 하나의 규칙으로 정착된 것과 비슷하다. 아직 무인카페 문화에 대한 일정한 기준이 정해지지 않았다. 현재 무인카페의 프리미엄 브랜드 '데이롱카페'는 무인카페를 방문하는 고객의 룰과 규칙의 문화를 선도적으로 정립해 가고 있는 중이다.

점주님들 잘되게 하는 것이 성장동력

데이롱카페는 공정거래위원회에 가맹사업거래를 하겠다고 정식으로 신고하고 정보공개서까지 등록한 프랜차이즈 법인 회사이다. 많은 분들이 유명 외식 프랜차이즈나 유명 카페 브랜드 프랜차이즈를 기억하고 있을 것이다. 그런데 몇몇 프랜차이즈의 경우 본사의 갑질이 소비자들로부터 공분을 사는 일이 있었다. 이로 인해 마치 프랜차이즈 본사가 가맹점을 크게 확대하여 가맹점으로부터 많은 수익을 챙겨가는 것으로 오해하는 분들이 더러 있다. 가맹점이 수익이 나든지 말든지 상관없이 말이다. 몇몇 프랜차이즈는 그런 측면이 없지 않아 있을 것이다.

데이롱카페 프랜차이즈는 다르다. 나는 '선한 영향력'이라는 말을 되게 좋아한다. '주변 분들이 잘 돼야 나도 잘된다'라는 생각이 어릴 때부터 잠재의식 속에 있었는데 본격적으로 기업을 운영하면서 정말 확고하게 다져졌다. 이것이 데이롱카페 프랜차이즈 사업의 경영원칙이자 성장동력이다.

앞서 소개했듯이 월곶에 한 군소업체의 가맹점으로 무인카페 간판을 내걸었을 때 상당한 수익이 나오자, 이를 계기로 내 주위 분이 잘 되게 하려는 마음으로 무인카페를 소개해 드렸다. 이때 주위 분들이 사업 소득을 원했고 내가 잘 되는 것을 보고 계속해서 하나둘씩 별도의 미팅 요청을 해왔다.

"무인카페라는 게 수익성이 나오는 거야? 나도 돈 벌고 싶어."

"무인카페 시스템에 대해 알려줘. 나도 해보고 싶어. 어떤 것부터 하면 되는 거야?"

"무인카페 수익성이 어느 정도야?"

나는 마치 내 일처럼 내 매장을 하나 더 오픈한다는 생각으로 친절히 상담을 해주고, 시간을 할애하여 무인카페 자리를 봐주었다. 결과적으로 내 소개로 여섯 분 정도가 무인카페를 하게 되었고 결과는 모두 성공이었다. 당시, 주위 분들은 행복한 모습을 보여 주었다. 이를 통해 여태껏 회사 일을 하거나 부동산 투자를 하면서 느꼈던 보람과는 또 다른 차원의 보람을 느꼈었다. 내가 주도적으로 성취한 일에 대한 좋은 영향을 여러 사람들에게 나눠준다는 면과 사람들 사이에서 나의 존재 가치가 인정받는다는 면에서 몹시 기분이 좋았다.

데이롱카페 브랜드로 기업으로서 사업을 할 때도 마찬가지였다. 브랜드 데이롱을 찾아온 예비 가맹점주님들 한명 한명을 다 잘되게 해주고 싶은 마음이 컸다. 그래서 최근 2년 동안 전국에 200여 개의 가맹점이 세워질 때까지 한곳 한곳마다 내가 직접 발로 뛰어서 입지를 선정해주었다. 이와 더불어 점주님들에게 영업 및 입지선정 노하우를 전수해 드리고 있으며 수시로 매장 운영과 관리의 애로사항에 대해 상담하고 솔루션을 드리고 있다. 그 결과, 타 개인카페 및 군소업체 무인카페 브랜드 대비 전국의 모든 데이롱카페가 상대적으로 수익구조가 매우 높고 꾸준히 성장하고 있다.

요즘 나는 사업가로서 행복을 느끼고 있다. 아무래도 내가 직접 영업을 해왔으니 나를 믿고 따라준 전국의 가맹 경영주분들의 매장이 잘되고 있기 때문이다. 실제로 내가 가장 보람을 느꼈던 것은 경영주님의 카톡 프로필 사진에 데이롱 매장 사진이 나오고 "행복하다", "나날이 성장하고 있다" 등의 데이롱 속에서 변화와 성장하면서도 만족한다는 문구를 볼 때였다.

현재 데이롱카페 가맹점 점주의 90%는 직장인으로 사무직 직장인, 학원 선생님, 스튜어디스, 개인사업자 등 다양하다. 이분들은 창업 비용으로 약 $26.4m^2$(8평) 점포를 기준으로 6,250만원의 부가세 별도 비용을 투자했다. 이를 통해 점주님들은 한달 매출로 200만 원대 중반에서 1,350만 원대까지 올리고 있는데, 순수익으로 가져가는 돈은 적게는

100만 원대, 많게는 800만원 이상이다. 그러면 저희 경영주님 세 분의 사례를 소개해 드린다.

40대 초반의 모 금융업 직장인은 부업거리를 찾다가 노동력이 절감되는 무인카페를 알게 되어 타 무인카페 본사 몇 곳에 노크하여 상담과 안내를 받았다. 그런데 선뜻 가맹점 계약을 하지 않았고 정말 본사에서 주장하는 대로 가만히 앉아 있어도 수백만 원 대의 수익이 생길지 확신할 수 없었다. 고민하던 중 데이롱카페를 알게 되어 나를 만났다. 나는 그분에게 자신 있게 말씀드렸다.

"제가 직접 무인카페에 최적화된 부동산 입지 선정을 해드립니다. 8년 전부터 부동산 투자로 계속해서 자산소득을 불려가고 있을 만큼 입지를 보는 안목이 있습니다. 그리고 수익성은 저희 가맹점의 실제 통계로 말씀드리자면…. 현재 단 한 곳도 적자매출이 발생되는 곳이 없으며, 저는 가맹점이 잘 되어야 본사도 잘 된다는 생각을 가지고 있습니다."

그분은 데이롱카페 가맹점 계약을 맺고 경기권의 한 지역에 매장을 냈다. 예상대로 수익이 잘 나왔다. 그러자 그분은 가맹점 한곳을 더 추가한 후에 다시 두 곳 가맹점을 더 냈다. 총 4개의 데이롱카페를 운영하는 경영주가 되었다. 이분이 운영하는 4개 매장의 월 매출은 2,100~2,300만 원 정도이고 순수익은 1,000~1,200만 원 정도이다. 본업 외에 추가로 배우자분의 적은 노동력을 투입하여 벌어들이는 수익에 충분히 만족해하신다.

제조업에 근무하는 모 30대 후반 여성은 원래 퇴직하고 카페를 하려고 했었다. 데이롱카페를 만난 후 본업을 유지하면서 토막 시간만 투자하여 운영하는 무인카페를 하기로 했다.

"무인카페를 해서 성공하지 못하면 유인카페를 해도 성공하지 않을 거란 생각이 드네요. 미리 공부를 한다는 생각으로 해보려고 합니다. 그리고 최소 비용과 시간으로 큰 수익을 낼 수 있다는 것이 마음에 듭니다."

이분은 현업을 유지하면서 두 매장에서 월 매출 1,400만 원을 올리고 있다. 그러자 이분은 유인카페를 할 생각을 완전히 접었고, 대신에 무인카페에 올인하기로 했다. 무인카페에서도 자신이 생각했던 유인카페 운영에 대한 로망이 그대로 실현이 되었기 때문이다. 매주 고객들을 만나서 대화를 하며, 좋은 서비스를 제공하는 것 등에서 보람을 느꼈다.

데이롱카페 본사의 기획팀 과장도 3개의 매장을 운영하고 있다. 본래 제약회사 영업직군에서 근무하다가 퇴사했던 이분은 데이롱카페를 하면서 실제 경영주로서 데이롱의 시스템을 잘 숙지하게 되었다. 이분은 고객들과 예비 경영주님들에게 좋은 이미지로 데이롱에 대해 잘 설명을 하여 소개해주었다. 이런 모습을 눈여겨보고 있었다가 내가 그를 정식으로 채용을 했다.

"사람 사귀는 것을 좋아하고, 또 데이롱카페를 무척이나 사랑하는 것을 느꼈습니다. 본사에서 데이롱과 함께 성장해보는 거 어떠세요?"

이분은 본사 기획팀 과장으로서 많은 분들의 가맹점 계약 성사를 위해 나와 같이 입지를 찾고 있다. 그리고 데이롱카페의 경영주님들과 원활하게 소통을 하면서 여러 가지 민원 및 문제해결을 하고 있다. 또한 본인이 데이롱을 통해서 잘 되었듯이, 경영주님들의 수익을 올릴 수 있도록 노력하고 있다.

데이롱카페 프랜차이즈 사업에서 제일 중요한 부분은 '가맹 경영주 분들의 수익구조'이다. 결국 자영업이든 사업이든 본질적으로 중요한 것은 수익 창출로, 이는 곧 자본주의 사회에서 없어서는 안될 '돈'을 벌기 위함이다.

나는 부동산 투자를 할 때부터 현재의 데이롱카페를 할 때까지 '나혼자 잘 먹고 잘살겠다'라는 1차원적인 생각을 가지지 않았다. 주변 분들에게 좋은 정보와 각종 노하우를 나누어드리고, 그분들에게 도움을 주고자 했다. 그래서 많은 분들이 나에게 다가와 도움과 자문을 요청해 왔다.

내 인생의 중요한 가치는 '선한 영향력을 주위에 끼치자'이다. 내가 가지고 있는 역량, 타고난 기질, 재능을 활용해서 남을 도와주고 돈을 벌게 해주기 시작하다가 현재의 회사를 운영하게 되었다. 사실 나는 소싯적부터 내가 알고 있는 작은 지식이나 정보를 주위 분들에게 오지랖 넓게 전해주고 공유하는 것에서 행복함을 느껴왔다. 현재 가맹점주님

161

들이 잘 되었기에 데이롱카페 브랜드가 많이 알려졌고, 많은 가맹 희망자들이 찾아오고 있다.

나는 기본적으로 남을 잘 되게 하는 상품이나 플랫폼을 제공하는 것이 사업 핵심이라 생각한다. 경영주님 한분 한분의 데이롱에 대한 좋은 피드백과 의견들이 눈덩이처럼 커져서 데이롱의 성장에 큰 이바지가 된다고 확신한다. 또한 사업은 사람에서 시작해서 사람으로 모든 게 연결되어서 성장한다고 본다. 나는 데이롱으로 연결된 사람을 먼저 믿고 존중하며 잘되게 해주고 있다. 이 과정에서 사람한테 치이고 사람으로 해서 손해를 보기도 하지만 결국 사람과 함께하면서 더 큰 성장과 발전을 했다.

내가 제일 좋아하고 가슴속에 담아두고 있는 명언이 있다. 이건희 회장님의 어록 중 하나인데 "남의 잘됨을 축복하라. 그 축복이 메아리처럼 나를 향해 돌아온다"는 말이다. 나는 선천적으로 주변 사람의 잘됨을 진심으로 응원하고 사람들의 관계를 중요시 생각해왔다. 이것이 지금 데이롱의 큰 성장 원동력이라고 확신한다.

데이롱카페를 말한다 4

고객관리 해주는 머신과
본사의 머신 AS/CS서비스

데이롱카페를 창업하기 전에 국내 유명 무인카페 브랜드 및 개인사업자를 다 다녀보았습니다. 무인시장이 어떻게 보면 고객과의 소통을 최소화하고 인건비 부담을 줄인다는 측면에서는 매력적이었습니다. 하지만 고객 컴플레인에 대한 대처와 고객에게 혜택을 주는 서비스의 한계 때문에 많은 고민을 했었습니다. 데이롱카페를 제외한 시중의 브랜드는 단순히 매장에 기계만 갖다 놓았기에 고객과 소통을 하려면 점주가 매장에 나가서 직접 해야 하는 불편함이 있었습니다.

데이롱카페는 달랐습니다. 데이롱카페 머신에는 3가지 고객 서비스 장점이 있었습니다.

❶ 단골등록 가능
❷ 커피쿠폰 발행가능
❸ 페이스 페이(Face Pay) 충전시 충전혜택

저는 이를 최대한 활용하고자 했고, 그 반응은 정말 좋았습니다. 오픈하고 단골이 200명 될 때까지 커피 쿠폰을 다 드렸고, 지금도 비가 오는 날이면 저희 매장을 200잔 이상 이용해 주신 단골들에게는 커피 쿠폰을 드리고 있습니다. 이는 비 오는 날 매출이 저조한데, 이를 기회로 이용하고자 하는 전략입니다. 이렇게 각종 혜택의 고객 서비스 툴이 갖추어져 있는 브랜드는 무인시장에 없었으며, 현재도 타 무인카페에서 이제 막 도입하거나 도입되지 못한 것입니다.

매장을 운영하는 점주 입장에서는 고객에게 가장 듣기 좋은 말이 "맛있어요", "무인카페인데 정말 예쁘고 웬만한 카페보다 좋아요"입니다. 이런 말을 들을 때가 매장을 운영하면서 제일 뿌듯한 순간입니다. 처음 오픈할 때는 많은 부담이 있었지만, 매장을 청소하러 가거나 가끔 매장에 있다 보면 고객들에게 저런 반응을 들을 때 '데이롱카페를 창업하길 잘했다'라는 생각이 가장 많이 들어요.

사람에게 받는 스트레스가 적은 무인카페에서는 커피머신이 매우 중요한 역할을 합니다. 저희 매장에서는 컵이 걸리거나, 카드 인식이 안 된다는 문제들이 종종 발생했었는데 데이롱카페는 타 무인카페와는 다르게 AS/CS서비스가 잘 되어서 안심이 되었습니다.

타 무인카페는 제조사 기반의 AS시스템을 갖추고 있는데, 데이롱카페는 직속 엔지니어가 바로 출동하여 AS를 해주기에 훨씬 빠르고 정확한 AS를 해주고 있습니다. 추가로 당직 시스템이 있어서 공휴일, 주말 가리지 않고 AS가 가능한 점이 매우 큰 장점입니다.

추가로, 밝히고 싶은 것이 있습니다. 인플레이션이 극심한 요즘 오히려 데이롱카페는 UCC원두 가격을 인하함으로써 가맹점주들의 마진율을 높여주었습니다.

모두가 투잡 혹은 은퇴 이후의 삶을 꿈꿀 때 무인시장을 많이 보는 것 같습니다. 저는 무인카페가 가진 비대면의 장점을 최대한 살리면서도 고객과의 소통을 매우 중요하다고 보는 사람 중 한 명입니다. 점주가 '하루 한 시간 매장을 깨끗하게 해야지!'라고 생각하는 것도 매우 중요합니다. 하지만, 때로는 쿠폰을 활용해서 고객들의 재방문율을 높이고, 각종 이벤트를 기획해서 무인카페지만 무인카페 같지 않은 느낌을 고객들에게 주는 게 더 좋다고 봅니다. 그러면 오히려 진상 손님이 더 방문 못하고 매출이 늘어나는 순간을 경험해보실 수 있을 것 같아요.

중동 중흥마을점 점주 오재원

∅ CHAPTER 5 ∅

완벽한
입지분석이 전부다

: 데이롱카페 성공 요소 ①

입지가 매출
100% 견인

"데이롱카페는 적자가 나는 곳이 없다고 하는데 그 이유가 무엇인지요?"

예비 경영주분들이 많이 하는 질문이다. 데이롱카페 가맹점들이 꾸준히 안정적인 매출을 올리는 결정적인 비결은 마케팅이 될 수도 있고, 커피 맛이 굉장히 고급지고 가격이 합리적인 것이 될 수도 있고, 인테리어가 세련된 것이 될 수 있다. 하지만 제일 우선순위로 꼽은 것은 무인카페만의 최적화된 입지이다. 모든 업종의 입지 및 상권분석이 매우 중요하다. 나는 모든 업종마다 그 업종에 맞는 전략적 입지가 있다고 생각한다. 입지에 따라 매출이 크게 좌지우지되고 그렇지 못하면 폐점으로 직결될 수 있다.

그렇다면 무인카페가 타 업종대비 입지가 매우 중요한 이유는 무엇일까? 무인카페는 매장에 상주하는 사람이 없이 비대면의 머신 중심으로 사업체가 운영된다. 즉, 사람의 노동력이 들어가는 각종 서비스 및 호객행위를 제공하면서 소비자분들과의 직접적인 대면을 통한 사업 운영방식이 아니다. 따라서 현재 자리 잡고 있는 장소 주변의 호재와 악재 시설의 유무에 따라 매출 차이가 극명하게 갈린다. 아무리 번화가 및 대로변에 위치해 있거나 유동인구로 붐비는 상권이어도 주변에 저가형 대형 프랜차이즈 카페가 있거나 혹은 카페 자체가 워낙 많으면 수요가 분산되어 비싼 상가 임대료 대비 매출이 덜 나올 가능성이 농후하다.

따라서 무인카페는 특별한 입지 선정이 중요한데, 대표적으로 '슬세권', '학세권', '공세권', '역세권'이 이상적인 입지 조건을 갖추고 있다.

- '슬세권'은 슬리퍼 신고 도보 5~10분 이내 편하게 오갈 수 있는 권역으로 24시 무인으로 돌아가는 카페에서 맛 좋은 커피를 찾는 고객이 타깃이다. 주택과 상가주택, 아파트와 오피스텔, 빌라 등이 있다.
- '학세권'은 학생들과 학부모 수요를 흡수하는 지역으로 주위에 학교가 있다.
- '공세권'은 산책, 트래킹 하는 분들이 시원한 음료나 커피를 찾는 수요가 있는 곳으로 공원, 등산로가 대표적이다.

• '역세권'은 대중교통을 이용하려는 소비자분들을 중간 길목에서 대거 흡수하는 곳이다. 출퇴근 경로에 있다 보니 무인카페 노출 홍보가 되며 소비심리를 극대화할 수 있다.

이외에도 대중교통 근처에 일반 유인카페들이 못 들어올 만한 곳에 입점해서 나 홀로 스포트라이트 받는 '고립된 상권', '후면 상가' 혹은 '이면 상권'이 입지로서 좋다. 이곳은 저렴한 상가 임대료 대비 상대적으로 높은 매출을 만끽할 수 있다.

아무리 질 좋은 커피를 합리적인 가격에 커피를 팔더라도 적절치 못한 입지(너무 외진 곳)이거나 유동인구가 많지만 경쟁형(저가형 대형 프랜차이즈) 카페들이 부지기수로 많은 번화가 등에 무인카페를 열면 매출이 상대적으로 저조하다.

무인카페는 지나가는 고객의 눈에 잘 들어와야 하지만 무엇보다 상대적으로 저렴하거나 저평가된 상가매장을 잘 찾아야 한다. 이때 그 주위에 카페가 있어도 좋다. 왜냐하면 인근에 있는 기존 카페의 커피 수요를 뺏어올 수 있기 때문이다. 인근에 몰려있는 유인카페는 무인카페와 경쟁 시 인건비 싸움에서 질 수밖에 없다. 이와 더불어 무인카페는 새로운 커피 소비자를 창출해야 하는 부담없이 기존의 커피 소비자의 수요를 그대로 가져올 수 있다. 더욱이 맛과 가격 경쟁력이 앞서기에 기존 유인카페는 상대가 안 된다. 따라서 인근에 카페가 있는 저평가된 곳에 입점을 하는 것은 오히려 바람직하다.

이와 더불어 아예 경쟁형 카페가 전무한 곳도 기회가 있다. 일단 소비자의 커피 수요를 만들어내기만 하면 독식할 수 있는 입지이기 때문이다.

내가 입지를 선정할 때 주변에 일반 유인 및 개인 카페가 있는지 없는지는 큰 고려사항이 아니다. 카페거리가 있다는 것도 알고 보면 커피 수요 타깃 파이가 크다는 것으로 해석이 된다. 데이롱카페는 인건비 없이 24시간 365일 무인으로 운영되기 때문에 주변의 카페 수요를 여기저기서 다 가져오고 있다. 오히려 일반 개인카페가 있는 곳을 선호하여 그곳에 매장을 열고 있다.

현재, 데이롱카페 월곶 본점의 경우 반경 250미터 내에 브랜드 유인카페가 무려 8개가 있다. 그 결과가 어떨까? 월곶 본점은 월 매출액이 600~700여만 원에 순수익이 290~370만 원대에 이른다. 주변에 카페가 있든 없든 크게 좌지우지되지 않는다는 것이다. 물론 내 아버지가 매장 오픈 초기 1년 정도 거의 반 상주하다시피 하면서 매장관리와 단골 관리를 철저하게 해오신 숨은 노력이 있었다.

거듭해서 말하지만 입지의 중요성은 아무리 강조해도 지나치지 않다. 핵심 전략적 입지인 슬세권, 공세권(공원있는 곳), 학세권(학교있는 곳), 역세권, 후면상가 등을 철저하게 파악을 하는 것이 필요하다. 그런 최적의 입지를 찾아내는 것이 무인카페의 첫 단추에 다름 아니다.

나는 '무인카페의 시작과 끝은 부동산'이라고 본다. 가맹점을 열 때 최우선적으로 중요하게 여기는 것이 입지이기에 점포 위치 선정에 많은 에너지를 쏟는다. 8년 동안 부동산 투자를 진행하고 일정 수준까지 자산을 형성했는데 현재도 부동산 투자를 진행하면서 남다른 입지 분석능력을 키웠다. 보통 사람들이 쉽게 찾을 수 없는 숨어있는 알짜배기 입지를 주로 찾아내고 임장을 통해 한번 더 확인한다. 이러한 과정은 곧바로 데이롱카페 가맹점 입지를 선정하는 데에 중요한 자양분이 되었다. 본사 대표로서 나는 직접 입지를 서칭하는 데 많은 시간을 투자하고 있다. 그래서 상당히 많이 축적된 입지 데이터를 데이롱만의 사업 핵심자산으로 보유하고 있다. 데이롱의 입지 찾는 방법은 세 가지로 분류해 볼 수 있다.

우선적으로 활용하는 것은 네이버 부동산과 주요 부동산 사이트이다. 원하는 기준을 설정하여 온라인에 올려져 있는 전국의 부동산 매물을 살펴본다. 가격, 면적 등 조건을 세팅하여 매장을 개점할 만한 곳을 조회하고 있다. 이때 나는 해당 매물의 주변 입지 조건을 꼼꼼하게 살펴본다. 슬세권인지, 아파트가 있는지, 학교, 공원, 기업 입주시설 등이 있는지를 파악한다. 로드뷰와 일반지도를 활용해서 온라인으로 해당 매물 입지와 주변 각종 시설물들에 대해 검토해보고 그곳 입지의 가치를 정확히 잡아낸다.

두 번째로는 전국 각지의 부동산중개인 네트워크를 활용한다. 전국 곳곳에 중개인 네트워크를 만들어 놓았는데 여기에서 고급 정보를 우선적으로 알려준다. 이를 통해 주변 입지에서 저렴한 물건이나 급매로 나온 상가건물에 대한 정보를 빠르게 입수할 수 있다. 이는 곧 전국에 데이롱카페의 입지분석팀이 현지 부동산을 임장하는 것과 같은 효과를 낸다. 시시각각 전국 현지의 고급 매물 정보가 빠짐없이 나에게 전달이 된다고 보면 된다.

"경기도 수원역 근처에 장사가 안되어 폐업한 개인카페 상가가 급매로 나왔습니다."

"영남대 후문 쪽에 신축상가건물이 생겼는데 대학생 상대로 조그만 가게 하기에 좋은 곳이 있습니다."

"북한산 입구에 치킨집하던 자리가 있어요. 여기가 등산객들 반드시 거쳐 가는 길목입니다."

세 번째로는 경영주와 직원이 찾아낸 정보를 활용한다. 가맹점을 운영하는 점주가 주변 지역에 대해서 잘 알고 있기에 데이롱카페를 개설하면 좋은 곳을 알려주기도 하며, 본사 직원이 가맹점 근처를 지나면서 입지를 찾아내어 알려주기도 한다. 그러면 본사 직원과 함께 내가 그곳을 찾아가서 여러 가지 조건을 살펴보면서 최적의 입지를 찾는다.

웬만하면 온라인으로 최적의 입지를 거의 다 잡아낸다. 그런데 부동산 사이트에 올려져 있지 않은 것이 실제로 적지 않다. 그래서 부동산중개인 네트워크와 점주, 직원의 도움을 받거나, 내가 직접 발품을 팔아서 매물을 찾기도 한다. 이렇게 양질의 입지 데이터를 구축해 놓은 후, 가맹점 문의를 받는다. 어떤 지역, 어떤 면적의 가맹점을 희망하는 예비 점주가 나타나도 적재적소의 입지를 안내한다.

무인카페의 생명은 입지라고 아무리 강조해도 지나치지 않다. 예비 가맹경영주들은 브랜드성과 추후 성장가능성이 농후한 본사를 선택해야 한다. 지속 가능한 매출이 활발하게 발생할 수 있는 입지를 까다롭고 철저하게 분석해주는 데이롱과 함께 해주길 진심으로 기대해본다.

매출 TOP 4
가맹점의 입지는?

창업설명회를 할 때 많이 소개해드리는 매출 탑 4 데이롱카페 가맹점이 있다. 특히 이 4개 가맹점은 철저한 입지분석을 통해, 매출이 잘 나올 것이라는 확신을 갖고 개설해드렸다. 축적된 입지 데이터와 상권분석 그리고 나만의 직감이 가미가 되어 책임감을 가지고 가맹점주님들에게 소개해드린 입지이다. 현재, 경영주님들의 꾸준한 매장관리 속에 높은 매출과 순수익을 거두고 있다.

나는 입지를 분석할 때 항상 상상을 한다. 머릿속으로 남들이 주목하지 않는 입지에 데이롱카페를 열어서 사람들이 찾아오는 것을 생각하고 입지에 맞는 시뮬레이션을 계속해서 돌려본다. 이때 강렬한 확신이 들 경우 어김없이 높은 매출이 나왔다.

독자분들은 데이롱카페 가맹점이 매출이 얼마나 나오는지 궁금해 하실 것이다. 실제로 어느 지역에 어떤 입지에 문을 열어서, 높은 매출을 올렸는지를 공유하겠다. 남들이 눈여겨보지 않은 입지를 발굴하고 그곳에 문을 열어 높은 매출고를 올리는 가맹점 사례를 직접 살펴보기 바란다. 이를 통해, 나라면 어떤 입지에서 이렇게 높은 매출이 가능할까 생각해보길 바란다.

1. 데이롱카페 송도랜드마크시티점

데이롱카페 송도랜드마크시티점은 인천 송도달빛축제공원역 근처로 역세권이자 생활숙박형 레지던스 빌딩 주출입문 바로 옆 '내측상가 (외부에서 보이는 '외측상가' 아님)'에 위치해 있다. 송도달빛축제공원에서는 아티스트 공연, 송도세계문화축제 등 여러 행사들이 많이 개최되고 있고, 또 '송도' 자체가 인천에서 국제도시로 위상을 펼치고 있는 도시이기도 하다.

이곳은 경영주님의 자가 보유 상가 매물이었다. 1년 넘게 해당 상가가 공실로 비워진 상태였는데 도저히 안되겠다 싶어서 데이롱을 입점시킨 사례다. 처음에 이 입지를 검토했을 때 여느 다른 입지보다도 시간 할애를 많이 했다. 왜냐하면 일단 외부에서 전혀 보이지 않는 내측상가에 위치했고 같은 건물에 카페가 3개 있었다. 또한 반경 50미터 내에 별개의 생활형 숙박 레지던스 빌딩이 하나 더 있었는데 그곳에도 일반 카페와 브랜드 카페 6개가 즐비했다. 쟁쟁한 브랜드 카페들이 소리

없는 전쟁이 벌어지는 곳이었다. 이곳에 카페를 여는 것은 대단한 강심장이 아니고서는 쉽지 않았다.

하지만 생활형 숙박시설의 특징이 무인카페의 사업성과 잘 맞을 것이라 확신했다. 보통 이러한 종류의 레지던스는 출장 등의 이유로 장기 투숙이 필요한 내·외국인 직장인들이 거주하고 있으며, 다양한 사람들이 개인 오피스처럼 자유롭게 이용하면서 출입을 하고 있다. 이곳 거주민들은 정해진 근무 스케줄이나 루틴 동선으로 움직이는 것이 아니라 시간과 공간에 구애받지 않고 다양한 니즈로 해당 시설을 이용하고 있다. 이러한 집합장소가 24시 운영되는 고급진 원두를 기반으로 한 프리미엄 무인카페의 콘셉트와 딱 맞아떨어졌다.

또한 근처에 여러 카페가 있어도 탁월한 맛과 합리적인 가격 경쟁력 그리고 공간이 주는 힐링감의 콘셉트인 '데이롱 카페'가 단연코 이기는 게임이라고 확신했다. 이 확신은 적중했다.

빌딩 출입구에 붙어 있는 작은 공실 상가가 세련된 데이롱카페로 탈바꿈 되었고, 현재 건물에 거주하는 분들과 외부에서 오는 방문객들, 관광객들로부터 큰 사랑을 받고 있다. 주출입문 옆에 위치해 있어서 시도 때도 없이 출근 도장 찍듯이 다양한 고객들이 드나들며 데이롱카페를 이용해 주시는데 단골고객이 참 많다. 1년 넘게 공실이었던 곳에서 현재 한달 매출이 보통 1,200만 원이 넘고, 최고로 1,400만 원 가까이 발생하기도 했다. 현재 데이롱 카페 매출 전국 1위다. 이 매장은 보증금 3,000만 원에 월세 200만 원(임차가격)인데, 월 순수익이 최소 750만 원

이상 꾸준히 나오고 있다.

입지분석

데이롱카페 입점 전후 사진

2. 데이롱카페 구로 구일점

데이롱카페 구로 구일점은 데이롱카페가 제일 선호하는 핵심 전략적 입지의 표본이다. 배후에 총 4,000여 세대의 아파트단지 5곳이 있고 거주민들의 이동 동선이 해당 상가입지 앞으로 통과하고 있다. 지형의 생김새를 보면 전후좌우 아파트 배후세대로 둘러싸여 있다. 이와 더불어 마을버스 정류장, 병원, 마트, 대형상가, 파리바게트 등 소비자들이 방문할 수밖에 없는 소상공인의 상권이 잘 형성되어 있다. 따라서 사람들이 해당 입지 근처로 모여서 각자의 니즈를 해결하게 된다.

제일 중요한 것은 구로 구일점이 근처 아파트에서 도보로 5분 이내 거리에 위치해 있다는 점이다. 따라서 24시간 매장이 운영되면 소비자분들이 언제든지 마음껏 풍미 가득한 커피를 즐기고자 할 때마다 수시로 매장을 방문할 수 있다. 여기도 근처에 카페가 3군데가 있고, 반경 500미터 내에 브랜드 카페를 비롯해서 전체 카페수가 10군데가 넘었다.

하지만 현재 데이롱만의 콘셉트로 주변 거주민들에게 독보적인 사랑을 받고 있다. 처음에 허름한 상가에 치킨점이 있었지만 지금 이곳은 데이롱카페로 탈바꿈되어 동네에서 소문난 커피 맛집으로 큰 사랑을 받고 있다. 최고 매출 1,200만원 가까이 기록을 했고, 한때 데이롱카페에서 전국 1위를 계속해서 고수해 오다가 현재는 송도랜드마크시티점에 자리를 내줬다. 보증금 3,000만 원, 권리금 2,500만 원, 월세 150만원인 이곳은 현재 꾸준히 월매출 600~900만 원대가 나오고 있고, 월순수익이 310~470만 원 정도 나오고 있다.

입지분석

데이롱카페 입점 전후 사진

3. 데이롱카페 안산 신길점

데이롱카페 안산 신길점은 안산 신길온천역 가는 경로에 있는데 역세권이라고 하기에는 거리가 조금 먼 아파트 단지 상가이다. 대략 2,000세대에 육박하는 아파트 배후세대가 남북 방향에 있고, 그 가운데를 가로질러 대로변 길모퉁이에 있는 입지인데 예전에는 그냥 일반 맥주집이었다. 해당 입지는 어떻게 보면 정말 평범해 보이는 상권이다. 하지만 동네 특성상 커피 수요에 대한 심리나 문화가 잘 장착이 되어 있고 특히 바로 건너편 시야에 아파트 피트니스 센터가 크게 자리 잡고 있다.

현재, 근처 거주민들과 피트니스를 이용하시는 분들이 맛있는 데이롱 커피를 단골로 너무 이용을 잘 해주셔서 매출 고공행진을 이어 나가고 있다. 보증금 2,000만 원과 권리금 2,200만 원에 월세 130만 원인 이곳은 월 최고 매출 1,100만 원대를 기록했고, 현재 꾸준히 월 매출 600~900만 원대 나오고 있고 월 순수익 300~460만 원이 나오고 있다.

입지분석

데이롱카페 입점 전후 사진

4. 데이롱카페 안성 삼정그린점

데이롱카페 안성 삼정그린점은 정말로 초대박이면서 아주 매력적인 입지의 하나다. 1,657세대 아파트가 있는 신도시의 한 아파트의 정문 입구 경비실 옆에 붙어 있는 5.5평의 공실 자리였다. 공간 자체가 크지 않았고 반듯한 모양이 아닌 세로 모양으로 비좁게 되어 있어서 다른 업종이 쉽게 들어오기 어려운 입지였다.

하지만 협소한 공간에도 최적화된 동선을 활용하면서 매출을 극대화시킬 수 있는 데이롱카페에게는 안성맞춤이었다. 그냥 아파트 단지 경비실의 창고나 또 다른 관제소로 사용해도 될 듯한 왜소한 공간이지만, 데이롱카페가 들어가면서 입지의 가치가 놀랍게 수직상승했다. 일반 사람들의 눈에는 별 가치가 없어 보이는 공간에 생명을 불어넣는 것이 바로 데이롱 카페의 힘이라고 생각한다. 이곳은 보증금 2,000만 원에 월세 80만 원으로 최고 월 매출 1천만 원 넘게 기록을 했으며, 현재까지 꾸준히 월매출 600~850만 원대 나오고 있고 월 순수익 330~520만 원이 나오고 있다.

입지분석

데이롱카페 입점 전 사진

매출 TOP 4 가맹점

AFTER

데이롱카페 입점 후 사진

입지의 일 순위는
슬세권

데이롱카페의 입지로 가장 우선시하는 것은 슬세권이다. 부동산 용어인 슬세권은 슬리퍼를 신고 편하게 사람들이 오갈 수 있는 도보 범주를 말한다. 주변에 영화관, 마트, 편의점, 도서관 등이 있는 주거지역으로 부동산으로서의 가치가 매우 높다. 바로 이곳에 데이롱카페가 입점하기에 사람들의 접근성이 매우 뛰어나다. 앞서 소개한 매출 TOP 4 가맹점도 사실은 슬세권이라는 카테고리에 들어있다.

데이롱카페는 유동인구가 많은 번화가에 굳이 들어가지 않는다. 유동인구가 많은 곳에는 어김없이 유인카페가 많이 포진해있는데 많이 지나가는 사람들에게 커피를 팔려고 하는 것이다. 이곳은 고정비가 기본적으로 많이 들 뿐만 아니라 인건비가 들어간다. 따라서 빨리 자리

회전을 하여 박리다매로 많은 커피를 팔아야 적자를 보지 않고 수익이 난다. 그래서 수많은 브랜드 카페들이 치열하게 제 살 깎아 먹기식으로 경쟁을 벌이고 있다.

이러한 고래 싸움에 데이롱카페는 끼어들지 않아도 안정적으로 수익이 난다. 적당한 권리금과 월세를 지불하면서도, 24시 많은 사람들이 찾아주는 슬세권에 점포를 열기 때문이다. 커피 맛은 최고인데 가격은 합리적인데다가 감각적인 인테리어를 한 데이롱카페가 슬세권에 문을 열면, 주변 주민들이 반드시 찾아오게 되어 있다.

내가 데이롱카페 프랜차이즈를 시작할 때부터 슬세권의 가치를 안 게 아니다. 무인카페를 기업화하면서 하나둘씩 직영점을 열어가면서 테스트를 해서 슬세권의 가치를 발견했다. 전국 어디에서든 슬세권에 입점한 데이롱카페에는 어김없이 많은 사람들이 찾아주었다.

이 과정에서 나는 '고객이 왜 무인카페를 이용할까?'라는 질문을 무수히 되뇌었다. 한번 온 고객이 다시 찾아오는 것은 물론 새 고객을 끌어오는 것을 보면서 그 이유가 궁금했다. 머지않아 답을 찾았다. 고객이 데이롱카페를 찾는 이유는 기본적으로 원두가 맛있으면서 가격이 합리적이고 여기에다 공간이 세련되어서 지불하는 비용보다 더 혜택을 받은 느낌을 받기 때문이다. 고객은 데이롱카페에 들어서서 커피를 마시는 순간, 대우를 받는다는 생각을 하기에 자주 찾아주고 있다. 우스갯소리로 한 지역에 데이롱카페가 들어가면, 그곳의 기존 카페는 다 망

한다. 최고의 맛, 합리적 가격, 공간의 힐링감, 24시 운영 다 뒤처지기 때문이다.

그러면 입지 조건으로 가장 우수한 '슬세권', '슬세권+공세권', '슬세권+ 학세권'에 대해 알아보자.

1. 슬세권

데이롱카페 평촌 샛별한양점은 뒤에 2,500세대, 건너편에 638세대가 있다. 데이롱카페 뒤로 복도식 아파트가 보인다. 이곳은 원래 아이스크림 가게 자리인데 데이롱카페로 바뀌었다. 보증금 2,000만 원에 권리금 1,500만원, 월세가 120만 원인데 월 매출이 700만 원 정도 꾸준히 나오고 월 순수익 380만 원대가 나온다. 참고로 아이스크림 가게가 365일 무인셀프 가게인데도 장사가 잘되지 않았다. 이에 비해 같은 자리에 문을 무인카페 데이롱카페는 매출이 꾸준히 이어지고 있다.

입지분석

데이롱카페 입점 전후 사진

데이롱카페 과천 래미안슈르점은 누가 봐도 아파트 상권, 배후세대가 빵빵하다. 데이롱카페 뒤의 2,899세대 아파트단지를 타깃으로 삼았다. 아파트 세대수가 큰 만큼 4층짜리 큰 상가가 2개 동으로 되어 있다. 데이롱카페가 입점하기 전 해당 자리에는 이름을 들어봤을 법한 꽤 유명한 유인카페 브랜드가 있었다. 그 브랜드 카페의 경우, 카드 포스기를 확인해보니 일 매출이 15만 원도 나올까 말까였다. 커피 한잔이 3천원이라고 하면 하루에 40~50잔 정도 팔렸다는 말이다.

카페 앞에 상가 지하 주차장 출입구가 보인다. 보시다시피 데이롱카페가 있는 자리는 상가 후면에 위치해 있고 심지어 입구 앞쪽이 주차장 시설물로 가려져 있다. 그리고 상가 뒤쪽이 아파트 배후세대로 둘러싸여 있음을 알 수 있다.

데이롱에서 제일 먼저 타깃으로 잡은 것은 '슬세권'이다. 배후세대가 빵빵한 만큼 그 아파트 상가도 엄청 크며 여기에는 다양한 업종의 많은 소상공인분들이 임차해 있다. 즉, 아파트 상가라고 하지만 사실 일반 아파트 상가와는 다른 대형복합 상업시설과 다를 바 없다. 따라서 이 상가에 목적 구매성을 갖고 오는 소비자들, 근처 거주민들의 수요가 두터운 것을 확인할 수 있다. 이러한 곳은 상가 후면일지라도 데이롱의 콘셉트로 크게 사랑받을 수 있을 것이라 확신했다. 아니나 다를까, 아파트 거주민분들을 메인으로 상가에서 종사하시는 분들 그리고 관계자분들까지 단골고객이 되어 24시간 편하게 부담없이 찾아주고 있다.

과거 맛없고 특성이 보이지 않았던 일반 브랜드 유인카페에서 지금은 데이롱카페의 예쁜 매장으로 탈바꿈되었다. 데이롱 카페는 꾸준히 하루에 커피 100~120잔 정도 팔고 있다. 사실, 이 상가에만 다른 카페들이 4개 더 있었지만 압도적으로 데이롱카페가 치고 나갔다. 커피 맛있지, 가격 합리적이지, 인테리어 예뻐서 그렇다 보면 된다. 점주님 입장에서도 좋은 것이 본사의 유통 마진이 적기 때문에 수익구조가 개선이 되어 더 많은 수익을 가져갈 수 있다는 점이다. 이곳은 보증금 2,000만 원에 권리금 2,500만 원 그리고 월세 160만 원인데, 현재 월 매출 900~980만 원에 월 순수익 510만 원 정도 나오고 있다.

입지분석

BEFORE

데이롱카페 입점 전 사진

AFTER

데이롱카페 입점 후 사진

2. 슬세권 + 공세권

슬세권도 좋지만 여기에 공세권이 추가되면 더욱 좋다. 공세권은 공원, 산책로, 둘레길이 근방에 있거나 해당 목적지를 가는 길목에 있는 지역을 말한다. 소비자들이 어떨 때 가장 아이스 아메리카노나 시원한 음료를 구매할까 생각을 해보면, 왜 공세권이 중요한지를 알 수 있다. 사람들은 걷거나 활발히 움직이는 등 유산소 운동을 해서 테스토스테론이 많이 분비될 때, 그리고 날씨가 따뜻하여 갈증을 느낄 때 커피 등의 음료를 많이 찾게 된다. 그래서 카페에서 매출이 극대화되는 시기가 봄, 여름, 가을이다.

따라서 사람들은 공세권의 등산로와 산책로 초입이나 공원 입구 등을 오갈 때 가까운 가게에서 음료를 구입한다. 이러한 최적의 입지에 카페가 문을 열면, 활동을 많이 하는 소비자들이 구매를 하게 되어 있다. 공세권 카페의 경우 특히 아이스 아메리카노의 매출이 매우 높다.

데이롱카페 화곡오거리점은 등산로로 가는 길가 오거리 코너에 문을 열었다. 내가 직접 현장에 가봤을 때, 등산로로 가는 두 갈래의 길이 만나는 곳이 있었는데 이곳이 최적의 입지였다. 특히 길모퉁이였기에 지나가는 등산객들의 눈에 잘 띄었다. 많은 외지인들과 주위에 거주하고 있는 빌라주민 등이 등산로를 이용하고 있고 매출 역시 상당히 잘 나오고 있다.

현재 이곳은 테라스를 갖춘 고급스러운 인테리어풍으로 데이롱카페가 문을 열었다. 보증금 1,500만 원에 권리금 1,100만 원, 월세 80만

원이며, 월매출 850만 원가량에 월 순수익 520만 원 정도이다.

입지분석

AFTER

데이롱카페 입점 전후 사진

데이롱카페 수리산역점은 기본적으로 '슬세권 + 공세권'이면서 '역세권'이 추가된 지역의 상가에 문을 열었다. 2,849 세대의 아파트가 주위에 있는 다소 낙후된 느낌을 주는 3층 상가건물인데 'ㄷ'자 모양이다. 주변 배후세대가 빵빵한 만큼 해당 상가건물에 많은 상점이 임차해 있다. 전형적인 '슬세권'의 입지에 부합하며, 지형적으로 인근에 '수리산역'과 '밤바위산'이 있어서 해당 상가와 외부와 단절되어 있는 '고립상권'이다. 이 입지의 가장 핵심은 해당 상가 1층에 한하여 '동종업계 입점금지 조항'이 상가관리규약에 있다는 것이다. 다시 말해, 여기 1층 상가(대략 30개 호실)의 임대인분이 1인인데, 동일업종의 입점을 방지함으로써 임차인들간의 경쟁과열을 피하기 위해 규약을 만들어 놓은 것이다.

따라서 현재 이렇게 큰 상가 1층에 카페 업종으로는 데이롱카페가 유일하다. 경쟁 카페가 아예 전무하기에 데이롱카페가 나 홀로 주변 수요를 독식하게 되므로 매출 극대화를 꾀할 수 있다. 데이롱카페 매장의 장사가 너무 잘 되는 것이 주변에 소문이 났는데, 그 1층 상가 임대인분의 귀에도 들어갔다. 현재, 그 임대인분은 데이롱의 사업성을 판단하시고 다른 지역에서 데이롱카페 3개 매장을 운영하고 계신다.

이 자리는 기존에 일 매출 10만 원도 채 못 나와서 망해가던 유인카페 자리였다. 하지만 현재는 산뜻한 느낌 인테리어의 데이롱 카페가 들어서서 칙칙했던 주변의 분위기를 확 바꿔주어서 고객님들로부터 큰 사랑을 받고 있다. 이곳은 보증금 3,000만 원에 권리금 2,100만 원, 월세 120만 원인데, 최고로 월 매출 980만 원대까지 기록을 했으며 현재 평균 월 매출은 650~750만 원이고 월 순수익은 370만 원대이다.

입지분석

데이롱카페 입점 전 사진

데이롱카페 입점 후 사진

3. 슬세권 + 학세권

데이롱카페 정릉 국민대점은 '슬세권+학세권'에 문을 열었다. 학세권은 학교나 학원, 대학교가 있는 지역을 말한다. 이 매장은 국민대 캠퍼스 건너편에 있는데 뒤에 대학가 빌라촌이 위치해 있다. 주요 단골고객은 국민대 학생들이며, 이 빌라촌에 거주하고 있는 주민분들도 고객이다. 고객들에게 아지트로 소문이 나서 해당 지역에서 굉장히 큰 사랑을 받고 있다. 여기에다 고려대학교사범대학 부속고등학교와 북악중학교가 근처에 있는데 학생들은 단 음료의 소비자가 되며, 학부모들은 커피 소비자로 삼을 수 있다.

대학교가 있는 학세권의 특징은 수요층이 젊기에 활기가 넘치며, 낮과 밤의 경계가 없다. 수시로 노트북과 책을 들고 와서 밤을 새우는 일이 많고, 여럿이 와서 스터디 모임을 갖기도 하고 조별 모임을 하기도 한다. 그래서 일정한 수요가 보장이 된다고 보면 된다. 현재 이곳은 보증금 2,000만 원에 권리금 1,100만 원, 월세 120만 원이며, 월 매출이 295~700만 원 정도 나오고, 월 순수익이 370만 원가량이다.

하지만 대학교나 초·중·고의 학세권 하나만 보고 입점하기에는 한계 또한 분명히 있음을 간과하지 말아야 한다. 방학 기간에는 크게 매출이 떨어질 뿐만 아니라, 특히 학생 신분 특성상 주머니 사정이 좋지 않기 때문이다. 따라서 학교 상권 하나만 보고 입점하기는 리스크가 있다고 판단할 수 있다.

입전분석

데이롱카페 입점 전후 사진

외면당하는 후면상가와
오래된 빌리지타운 코너

    무인카페는 일반 유인카페와는 다른 입지를 기준으로 입점되기도
한다. 일반 유인카페가 외면하는 후면상가와 오래된 빌리지타운 코너
도 상당히 매력적인 입지조건을 갖추고 있다. 후면 상가는 사람들이 잘
다니지 않는 곳이기도 하고 외부 대로변에서 쉽게 눈에 띄지 않은 곳
이라 쉽게 간과하기 쉽다. 하지만 이러한 곳은 월세, 권리금, 보증금이
굉장히 저렴하여 소위 '저평가'된 상권이며, 무인카페만의 최적의 소비
수요와 영업이익을 끌어올리기에 적합하다.

    '아무도 쉽게 못 들어가는 곳에 왜 카페가 들어왔을까?'라고 사람들
이 의아해할 수 있도록, 역발상으로 입지를 선택하는 것이 바람직하다.
그렇게 된다면 데이롱만의 세련된 인테리어로 새로운 상업 공간이 창

출된다. 주변 분위기를 밝게 변화시켜주고 무인카페만의 장점(24시 영업, 남 눈치 안보는 비대면 공간 이용, 합리적인 가격에 고급진 커피 맛 등)으로 인근 소비자들과 거주민들을 계속해서 단골고객으로 오게끔 하여 매출을 늘려준다.

1. 외면당하는 후면상가

데이롱카페 산본 퇴계점은 1,011세대 아파트의 후면에 있는 상가에 문을 열었다. 그곳은 원래 떡볶이집 자리인데 옆 모퉁이를 돌면, 상가 폐기물과 재활용품 등 쓰레기 더미가 쌓여있었다. 이 쓰레기들은 아파트에서 쏟아져 나오는 것이다.

처음 예비 경영주님과 이곳을 임장했을 때가 기억이 난다.

"대표님, 저 여기다 가맹점 내주시려고 하시는 것입니까? 혹시 사기꾼 아니시죠?"

예비 경영주님이 반신반의하면서 확인을 해왔다.

"사장님, 지금 눈앞에 있는 떡볶이 가게와 허름한 상가의 재활용품 더미를 볼 게 아닙니다. 데이롱이 입점되어 하루 종일 데이롱만의 콘셉트로 매장이 환하게 불 밝히는 것을 상상해야 합니다. 대수선 공사에 가까운 인테리어 공사를 통해 상가의 가치와 이 입지의 가치를 드높이는 것을 상상하십시오."

나는 진지하게 이렇게 말씀을 드렸다. 그분은 내 뜻을 따라주었고 이곳에 데이롱카페가 문을 열었다. 이후 세련된 데이롱카페가 들어서자 주변에 재활용품 버리는 곳이 한결 더 깔끔해졌다. 전반적으로 그곳은 완전히 깨끗한 곳으로 변했고, 사람들의 발길이 많이 닿는 곳으로 탈바꿈했다. 이는 '깨진 유리창의 법칙'의 '깨진 유리창'이 사라지면서 나타난 결과이다.

이곳은 보증금 1,000만 원에 월세 80만 원인데, 월 매출 640만 원에서 700만 원 가까이 나오고 월 순수익이 355~415만 원 정도 나오고 있다. 후면상가라는 점을 이용해 저렴한 임대료로 알차게 매출을 알차게 일으키고 있다.

입지분석

BEFORE

데이롱카페 입점 전 사진

AFTER

데이롱카페 입점 후 사진

데이롱카페 수원 장안동신점은 아파트 단지를 뒤로하고 아파트 상가 후면 코너 모퉁이 쪽에 문을 열었다. 이곳은 아파트 배후세대 1,521세대를 뒤로 하는 후면상가로, 카페가 3군데가 더 있는 데다 공간이 4평으로 왜소해서 입점하기 전에 많이 고민했던 곳이다. 하지만 보기 좋게 걱정과 우려는 빗나갔다. 이 비좁은 공간에 데이롱 카페가 문을 열어서 높은 매출을 올리고 있다.

후면 특성상 보증금 1,000만 원에 월세 50만 원으로 임대료가 엄청 저렴하다. 현재, 이곳의 월 평균 매출은 500만 원 전후로 나오고, 월 순수익이 295만 원 전후로 나오고 있다. 후면 상가라고 외진 곳으로 얕잡아보지 말아야 한다. 데이롱카페가 그곳에 들어서는 순간 저평가된 원석이 그 값을 제대로 발휘하는 것을 경험하게 될 것이다.

입지분석

후면상가 가맹점

BEFORE

AFTER

이롱카페 입점 전후 사진

2. 오래된 빌리지타운 코너

데이롱카페 서울 목동점은 구축 빌리지타운 코너에 문을 열었다. 이곳은 주변에 소형세대 아파트와 빌라가 엄청나게 많다. 특히나 빌라촌 뒤에 '달마을공원'이라는 공원 산책로가 있기에 산책하는 사람들이 반드시 이 모퉁이를 지나치게 되어 있다. 또한 바로 옆에 24시 편의점이 있기에 빌리지타운에서 생필품 사러 오는 고정수요를 끌어당길 수 있다. 현재, 이곳은 보증금 1,000만 원에 월세 75만 원이며, 월 매출이 꾸준히 500~550만 원이며 월 순수익이 290만 원 정도이다.

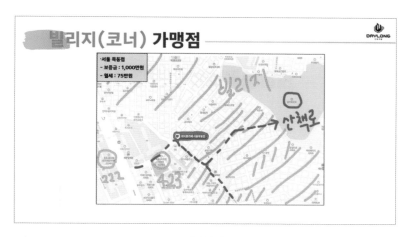

입지분석

BEFORE   AFTER

데이롱카페 입점 전후 사진

데이롱카페를 말한다 5

프리미엄급 카페 데이롱 운영
가맹점주로 성공하려면?

데이롱카페가 무인카페 중에 가장 프리미엄급 카페라고 생각했습니다. 원두와 음료, 제과 및 인테리어 수준이 무인카페 중에서 가장 앞서 있는 브랜드임을 파악하고, 심사숙고 끝에 결정하여 4개월간 운영하고 있습니다.

무엇보다 투잡으로 운영 가능한 것이 장점입니다. 가게를 오픈하면 누구보다 가게에 매달릴수 밖에 없고 또한 사람을 고용하는 스트레스가 너무 커서 카페를 하기가 엄두가 안 났습니다. 그런데 무인 프리미엄 카페 데이롱은 그러한 걱정을 하지 않아도 되는 것이 큰 장점이 되는 훌륭한 가맹 브랜드라고 생각합니다.

무인카페라고 해서 일이 전혀 없는 것은 아닙니다. 무인 기계에 대한 이해와 경험이 있어야 합니다. 그렇지 않으면 예상치 못한 고장이나 사소한 정비 소홀로 가게 신뢰성에 큰 타격을 줄 수 있습니다. 그러므로 무인 기계 관리에 만전을 기해야 합니다. 또한 1일 1~2회 정도 가게 청결도 유지에 많은 노력을 기울여야 안정적인 운영이 가능하다고 생각합니다. 무인카페라고 해서 오픈하고 방치해서는 안 되며 고객분들의 니즈와 요구를 지속적으로 모니터링해 가며 가게 운영을 보완해야 합니다.

무인카페라고 해서 손쉽게 생각하지 말고 입지와 상권, 권리분석 임대료 및 관리비 대비 예상 매출, 본인의 관리 가능 스케줄을 잘 고려하여 결정하여야만 후회 없는 운영 가맹점주가 될 수 있을 것입니다. 데이롱을 결정하시는 분들께 행운이 깃들기를 기원해 드립니다.

분당수내점 점주 **최원준**

CHAPTER 6

차별화된
고품격 메뉴

: 데이롱카페 성공 요소 ②

카페의 본질은
맛있는 커피

"다른 무인카페의 커피 맛은 영 아니던데 데이롱카페 커피 맛은 좋네요."

"유명 브랜드 카페에서 마셨던 커피와 비슷합니다."

실제 데이롱카페를 찾는 고객분들의 커피 맛에 대한 호의적인 평가이다. 이분들은 포스트잇에 커피 맛이 좋다고 글을 써서 카페 내부에 붙여주기도 하며, 자신의 블로그나 인스타그램에 사진과 함께 커피에 대한 긍정적인 평가를 올려주고 있다.

흔히 무인카페 하면 자판기 커피의 싸구려 커피를 연상하는 분들이 더러 있다. 그런데 그분들이 막상 데이롱카페에서 커피 한잔을 마시고 나면 다들 놀라움을 금치 못한다. 다른 무인카페와 달리 매우 고급진 커피 맛을 합리적인 가격에 맛볼 수 있기 때문이다. 가격은 다른 무인카페보다는 높지만 브랜드 카페보다는 낮다.

다른 무인카페는 저렴한 원두를 사용함으로써 소비자 가격을 낮춰서 저가형 박리다매로 타깃을 잡고 있다. 얼핏 이렇게 하면 수지타산이 맞을 것 같다고 생각한다. 이는 유인카페와 달리 무인카페는 사람이 만들어주는 커피가 아니므로 가격이 무조건 저렴해야 커피를 찾을 것이라는 잘못된 선입견 때문에 생겨났다.

데이롱은 다르게 생각했고, 단지 싸다고 해서 커피를 찾지 않는 소비자의 수요를 정확하게 타깃해서 들어갔다. 대한민국 커피문화가 과거와 달리 많이 변하고 있고 계속해서 커피문화가 익숙해지게 보급되고 있다. 또한 커피 맛에 대한 니즈가 다양해지고 있고 커피에 대한 기준이 상향 평준화되었다. 유명 브랜드 카페가 문전성시를 이루는 이유는 특정 브랜드가 소비자분들에게 뇌리에 박힌 것도 있겠지만 기본적으로 커피가 비싼 만큼 맛이 뛰어나기 때문이다. 따라서 유인카페 무인카페 할 것 없이 고객을 잡으려면 커피 맛을 잡아야 한다.

그런데 동네 개인카페는 인건비, 임대료, 원부자재 비용으로 많이 지출되다 보니, 비싼 원두를 애초에 사용하기가 어렵다. 데이롱카페는 다르다. 기본적으로 본사에서 원자재에 대한 마진율을 적게 잡고 있으며, 무인카페 특성상 인건비, 관리비가 발생하지 않으므로 가맹점에서 최고의 원두를 사용할 수 있다. 나름 동네에서 터줏대감처럼 자리 잡은 카페에서도 감히 엄두를 낼 수 없는 프리미엄급, 스페셜급 원두를 사용해 커피를 만들고 있다.

일부 예비 경영주들은 이런 질문을 해온다.

"최고 원두도 좋지만, 그러면 가격이 비싸져서 고객들이 유인카페가 아닌 무인카페에 커피 사 마시러 올까요?"

"고급 원두는 아무래도 저가형 판매를 하는 무인카페와는 안 맞는 것 같습니다. 누가 머신으로 유인카페의 커피와 비슷한 가격으로 사먹겠습니까?"

이에 대해 나는 소신껏 답변해드린다.

"카페의 본질은 저렴한 것이 아닙니다. 카페의 본질은 커피가 맛있어야 한다는 것입니다. 이 본질을 고수하는 것은 유인카페, 무인카페 구별이 되지 않습니다. 탁월한 맛의 커피를 합리적인 가격에 내놓아야 고객이 알아보고 꾸준히 방문할 것입니다."

실제 24시간 360일 영업을 하는 데이롱카페의 실제 성과가 어떨까? 높은 매출이 내 주장을 강력하게 뒷받침해준다. 전국 모든 데이롱카페가 고품격 커피를 내놓은 결과 꾸준히 매출이 높다. 한번 방문한 고객들은 맛을 인정하기에 다시금 재구매 의사를 갖고 재방문을 한다. 이와 더불어 무인카페에서 맛있는 커피를 판다는 것을 주변 지인들에게 입소문 내주고 있다.

데이롱카페에서는 취급하는 원두는 세계 3대 친환경 UCC원두와 New Club 싱글오리진 예가체프 원두 G2등급이다. 풍부한 바디감과 고소함을 좋아하는 입맛, 화사한 꽃향기와 산미를 좋아하는 입맛이라는 두 마리 토끼를 잡고 있다.

UCC 원두의 진가를 알려면 서울 송파구 모 5성급 호텔에 가보면 된다. 이곳에서 2만원에 파는 아메리카노가 데이롱카페의 원두와 동일하다. 이 원두는 일본의 유명한 우에시마 커피 회사에서 사용하는 것으로 일본에서 로스팅해서 국내에 들여왔다. 국내에서 만들어지지 않는 것이다.

데이롱카페에서는 UCC코리아라는 채널을 통해 원두를 공급받고 있다. UCC 원두를 선택하기 전까지 어떤 원두를 선택할지 많은 고민을 했다. 내가 보기엔 우리나라 사람에게는 국물 문화가 있어서 약간 고소하면서도 진한 맛을 선호했다. 보리차로 말하면 진한 보리차 맛을 생각하면 된다. 따라서 다크 로스팅이 된 UCC 원두가 풍미가 진하고 바디감이 있어서 우리나라 사람에게 잘 맞을 듯했다. 이 원두의 커피를 맛본 분들은 고소하고 바디감이 풍부하고 끝에 살짝 산미가 있는 맛이 난다고 생각을 한다. UCC 원두가 우리나라 사람들에게 선호도 높고 본능적으로 "커피가 고소하니 괜찮다"라는 반응을 많이 얻고 있다.

보통 원두가 산미가 있거나 시큼하면 소비자들의 호불호가 심하다. 하지만 데이롱카페는 진하면서 고소한 커피 맛을 잡아냈고, 이는 많은 고객분의 호응을 받았다. 참고로 UCC 원두는 열대우림동맹 인증 친환경 커피로서 친환경 슬로건을 내걸고 있으므로 가치 있는 커피를 소비하고자 하는 소비자의 니즈에도 부합된다고 생각한다.

더 나아가 산미를 좋아하는 소비자분들을 위해서 데이롱카페는 스페셜티 원두 라인업으로 예가체프 원두 G2등급을 추가하여 사용한다. 데이롱카페 머신에는 원두 2통이 각각 별개로 장착이 되어 있어서 일반 아메리카노 버전으로는 UCC 원두가 들어가고, 프리미엄 아메리카노 버전으로는 스페셜 예가체프 원두가 들어가고 있다. 예가체프 원두는 부드러운 꽃향기와 바디감이 특징이며, 오렌지 계열의 상큼한 산미가 강하며 초콜릿과 카라멜의 달콤함을 느낄 수 있다. 사실 진짜 커피 매니아분들은 커피의 시큼함과 산미를 선호하고 있으며, 실제로 정말 비싼 스페셜티 원두들은 산미가 기본적으로 있다고들 한다.

현재, 데이롱카페에서 제일 많이 팔리는 것이 일반 아메리카노(UCC 원두)이다. 아이스 아메리카의 경우 일반 아이스 아메리카노와 프리미엄 아메리카노가 있는데, 20온스 기준 전자는 2,200원이며 후자는 3,200원이다.

고객 입맛을 사로잡는
다양한 메뉴

고객분들이 데이롱카페를 방문 후에 놀라는 것 중 하나는 메뉴가 다양하기 때문이다. 머신에서 커피만 나올 줄로 알았다가 막상 문을 열고 들어서는 순간 눈이 크게 벌어진다. 여느 유인카페 못지않게 음료가 다양할 뿐만 아니라 마카롱을 비롯해 디저트 종류가 32개나 된다. 여러 연령대의 입맛을 충족시켜주기에 데이롱카페에는 2030세대 뿐만 아니라 4050세대와 어르신들이 자주 애용해주고 있다. 고객이 본사에 직접 전해준 의견, 고객들이 남겨 놓은 메모, 고객이 SNS에 올려놓은 글을 참고해 몇 분의 사례를 스토리로 소개해드린다.

한 프리랜서 여성분은 늦은 점심을 하러 데이롱카페를 찾았다. 이미 커피를 여러 잔 마셨던 그 여성분은 배가 출출했는데 그렇다고 식당에 갈 시간적 여유가 없었다. 그래서 데이롱카페를 찾았다. 자판기에서 원하는 마카롱과 에이드를 받은 후 탁자 위에 앉았다. 설마 하는 마음이 없지 않았지만 금세 만족스러운 표정이 되었다.

'어머, 내가 자주 가는 디저트 가게의 마카롱과 맛이 비슷하네. 근데 가격은 저렴하고.'

이 여성분은 잠깐 식사를 한 후 곧장 일하러 밖으로 나갔다. 이 여성분은 근처에 용무가 있어서 올 때마다 데이롱카페를 찾는데 어느새 단골이 되었다. 여성분은 이런 사연을 카페에 메모를 적어서 남겨주었다.

커피를 잘 안 마시는 주부가 초등학생 딸 아이와 함께 데이롱카페를 찾았다. 딸 아이가 지나다가 마카롱 메뉴를 홍보하는 입간판을 봤고, 집에 도착 후에 엄마에게 마카롱을 사달라고 졸랐다. 엄마는 딸이 알려주는 곳으로 함께 걸어왔다.

'무인카페에서 커피만 파는 게 아니라 디저트도 팔고 있구나. 근데 자판기에서 파는 디저트 맛은 어떨지 궁금한데.'

문을 열고 들어와서 마카롱과 함께 음료를 구입한 후 맛보았다. 딸 반응이 좋았다.

"엄마, 달콤해서 맛있어요."

"그래, 맛이 괜찮네."

이 주부는 자신의 블로그에 이런 사연을 올려주었다.

한 여대생은 카공(카페에서 공부하기)이 습관화되었다. 늦은 시간에 길가를 걸어가다가 불빛을 밝히는 데이롱카페를 발견했다. 그 여대생은 처음으로 데이롱카페에 들어와서 둘러보고 나서 머신에서 아이스 아메리카노와 마카롱을 받은 후 의자에 앉았다.

'브랜드카페에서 카공을 할 때 들어가는 비용보다 저렴하네. 실내 분위기도 깔끔하고 세련되어 좋은걸. 앞으로는 여기서 카공을 해야겠어.'

그 여대생은 탁자에 노트북과 책을 올려놓은 후 리포트를 작성하기 시작했다. 이와 더불어 친구들의 단톡에 데이롱카페에서 카공하기 좋으며 메뉴가 다양하다고 소개를 해주었다. 그 뒤로 친구 두 명과 함께 자주 데이롱카페를 찾아와서 카공을 하는 단골고객이 되었다. 이러한 사연은 인스타그램에 사진과 함께 글을 올려주었다.

데이롱카페의 고객분들은 아이스 아메리카노를 비롯해 카페라떼, 핫초코, 초코밀크, 바닐라 라테, 카페모카를 많이 사랑해주시고 있다. 신메뉴 개발에도 게을리하지 않고 있다. 이 책이 출간되었을 때는 에이드라떼 5종과 아샷추(아이스티에 에스프레소 샷 추가한 음료)가 새로 출시가 되어 있을 것이다.

이와 더불어 에이드의 경우, 복숭아, 자몽, 청포도, 블루베리, 레몬 등 다양한 종류를 선보이고 있다. 특히나 데이롱카페에서는 에이드에 탄산 선택제를 적용함으로써 탄산을 넣을 수도 있고 뺄 수도 있다. 탄산이 들어간 에이드 맛에 익숙한 분들은 꾸준히 탄산 에이드를 주문하고, 아이와 함께 온 부모님은 아이 건강을 위해 탄산을 뺀 에이드를 주문하고 있다. 무탄산 에이드는 상당히 맛있는 주스처럼 나온다.

디저트도 많은 고객분들에게 사랑을 받고 있다. 종류가 무척 다양한데 마카롱, 뚱카롱, 다쿠아즈, 조각케익, 수제케익, 머랭쿠키 등 32가지가 나온다. 고객분들은 제과의 맛이 좋다고 평가하고 있다. 이는 데이롱카페가 엄선해서 맛과 품질, 가격까지 3요소를 만족시켜줄 수 있는 협력업체와 제휴를 맺고 판매하고 있기 때문이다. 애초에 데이롱카페는 싼 가격이 아닌, 최고의 맛에 초점을 맞췄기에 까다롭게 디저트 협력사를 선별했다.

그 결과, 데이롱카페에서는 유인카페와 견주어도 하나도 뒤지지 않는 고급 디저트를 선보이게 되었다. 데이롱카페에서는 다양한 음료와 디저트를 제공하고 있는데, 합리적인 가격대로 소비자의 만족도를 높여드리고 있다.

뚱카롱

머랭쿠기

스콘

수제쿠키

데이롱카페를 말한다 6

최소한의 시행착오와 시간 절약으로 최고의 선택

안녕하세요. 현재 데이롱카페 시흥대야점을 운영하고 있는 이미정입니다.

생애 첫 창업을 데이롱과 인연이 되어 무인 카페를 오픈한 지는 이제 갓 한달 지난 창업 초보자입니다. 데이롱을 처음 접했던 건 창업은 생각하지 않고 친구들과 우연히 집 근처 무인 카페가 생겼다고 하여 방문했을 때입니다. 카페가 너무나 깔끔하고 고급스런 분위기에 커피의 짙은 향이 기존 프랜차이즈 카페들과는 비교가 되지 않을 정도라 인상 깊게 남아 있었습니다.

그후 창업을 해보자는 생각에 업종은 무인 카페로 정하고 첫 창업의 시행착오를 최소화하기 위해 여러 프랜차이즈 카페를 방문하여 분위기, 커피 맛, 가격대 등을 비교해 보았습니다. 하지만, 머릿속에는 계속 데이롱카페를 방문했을 때의 기억이 남아 떠나질 않더군요. 카페 분위기가 너무나 내가 원하는 깔끔하고, 고급지고, 도시적인 분위기와 일치하여, 다른 카페들은 눈에 들어오지 않았습니다.

그래서 우선적으로 데이롱카페에 창업 문의를 했습니다. 나의 무수한 질문들에 명쾌하고 친절하게 답변을 해주시고, 더 나아가 계약 전임에도 불구하고 입지 추천과 예상 매출액까지 컨설팅을 해주셨습니다. 또한 가맹점을 상하 관계가 아닌 동반자 관계로 생각하시고, 세세한 부분까지도 조언을 해주셨어요. 더욱이 실제로 카페를 운영하시는 분들과 미팅을 주선해 주시는 등 계약을 위한 사탕발림이 아닌 창업 성공을 위한 현실적인 조언을 해주셨습니다. 데이롱의 사업 마인드와 나의 창업 마인드가 너무나도 비슷하여 데이롱을 선택한 건 어쩌면 당연한 결과였습니다.

데이롱의 도움으로 오픈 준비를 순조롭게 마치고 고객들을 처음 맞이했을 때, 무인카페답지 않게 분위기가 너무나 고급스럽고 군더더기 없이 깔끔하다고 다들 칭찬을 하시더군요. 첫 창업이라 가게를 어떻게 운영하고 관리해야 하는지 상당히 걱정되었는데, 직접 운영하시는 가맹점주님들께 사전 교육을 받으니 현실적인 고객 대응이나 카페 운영& 관리 노하우를 그대로 전수받을 수 있어 좋았습니다. 그리고 커피머신이 100% 원격 관리가 가능하여 돌발 상황이 생겨도 직접 매장을 방문해야 하는 번거로움이 없었고, 청소나 관리도 편하여 기계치인 나도 청소, 관리가 쉬웠습니다. 특히나 간식 자판기는 커피 머신과 연동이 되어 있어 고객분들이 한 번에 커피와 간식 주문이 가능하여 신기해 하시더라구요. 그리고 고품질의 원두를 직접 선정, 관리, 판매하여 원두에 대한 품질 유지는 확실히 보장되고, 간식들도 이미 맛이 검증된 구매처를 추천하여 주셔서 카페 운영의 가장 큰 고민인 맛 관리를 해결해 주시네요.

무엇보다 가장 으뜸은 데이롱 전용 앱입니다. 실시간 매출 확인은 기본이고, 매출을 토대로 여러 가지 데이터까지 제공하여 우리 카페를 찾아주시는 고객의 취향까지 파악 가능하고, 머신 제어와 관리를 어플 하나로 모든 게 가능하니 여간 편리한 게 아닙니다.

지금 무인 카페를 준비하시거나 앞으로 할 계획이 있으신 분들은 나처럼 경험이 없으신 분들이 대부분이실 겁니다. 그리고 넉넉한 자금과 시간으로 창업을 하시는 분들은 아무도 없을 겁니다. 최소한의 시행착오와 시간 절약을 위해 많은 분들이 프랜차이즈를 선택을 하십니다. 물론 저도 그렇구요. 그러나 브랜드 선택은 결코 쉽지 않았습니다. 하지만 첫 창업에 어렵고 신중하게 선택한 데이롱에 저는 현재까지 충분히 만족하며, 최고의 선택이었다고 믿고 있습니다.

시흥대야점 점주 이미정

CHAPTER 7

힐링감을 선사하는
인테리어

: 데이롱카페 성공 요소 ③

힐링을 주는 공간의
경험 추구

    데이롱카페가 한 동네에 들어서면, 그곳 주민들은 외관에서 풍기는 세련되고 고급스러움에 시선을 이끌리게 된다. 처음에는 데이롱카페가 무인카페라고 생각을 못하는 경우가 있다. 무인카페 하면 자판기로 저렴하게 커피를 파는 곳으로 생각하기 때문이다. 하지만 주민들이 가까이에 다가와서 내부를 보고 나서는 그곳이 무인카페라는 사실에 놀란다. 데이롱카페는 인기있는 개인카페나 브랜드 카페 못지않게 고급스러운 인테리어를 자랑한다. 고객분들은 커피를 마시는 공간을 중요시하기 때문에 각별히 신경을 쓰고 있다.

    스타벅스는 공간과 경험을 판다고 알려져 있다. 스타벅스를 자주 찾는 고객들은 커피 맛뿐만 아니라 고급스럽게 인테리어가 된 매장의 분위기를 좋아하고 있다. 스타벅스 인테리어의 두 가지 특징은 이렇다.

1. 우드와 자연주의 디자인

스타벅스 카페는 일반적으로 우드 재료와 자연주의적인 디자인 요소를 강조한다. 나무 테이블, 의자, 천장 패널, 바 등이 사용되며, 자연스러운 색상과 식물을 활용하여 자연과 조화를 이룬다.

2. 지역화와 지역 문화 고려

스타벅스는 지역의 문화와 환경을 고려하여 카페를 디자인한다. 지역의 특징과 특산물을 사용하거나 지역 아티스트의 작품을 전시하는 등 지역화된 카페 경험을 제공한다.

이러한 공간에서 앉아서 커피를 마시는 경험을 파는 것이 오늘날 스타벅스의 큰 성공요소라고 볼 수 있다. 창업주 하워즈 슐츠가 다시 2008년 CEO로 복귀했을 때, 그가 추진한 중요한 일은 낡은 매장을 없애고 수백 명의 디자이너를 채용한 것이다. 그는 전 세계 매장의 인테리어에 각별한 관심을 기울였고, 이를 통해 스타벅스만의 차별화된 인테리어 문화가 살아났다.

데이롱카페를 이끄는 나 역시 인테리어를 굉장히 중요하게 생각하고 있다. 커피의 맛과 더불어 절대 포기하지 못하는 것이 바로 인테리어다. 사업차 일본 출장을 자주 다니고, 전국의 유명 도시를 자주 방문한다. 이때마다 내가 관심을 갖고 살펴보는 것은 카페나 레스토랑의 인테리어다. 특별히 인테리어가 예쁜 곳을 골라서 찾아가 보기도 한다. 예술 분야 전공자인 아내가 동행을 할 때는 나에게 미적 감각에 대한 조언을 많이 해준다. 색상과 재질, 분위기 등에 대해서 세세하게 왜 좋은지를 나에게 알려줘서 많은 도움이 된다.

인테리어 트렌드에도 민감해서 웬간해서는 오래된 곳은 잘 찾지 않는다. 대신에 익선동, 청담동 등의 새로운 공간, 핫한 공간을 주로 찾아간다. 내가 인테리어를 볼 때 주안점을 두는 것은 공간의 힐링감이며, 세부적으로 마감재, 조명, 조도, 외벽 마감제 등이다. 서당개 삼년이면 풍월을 읊는다는 말이 있듯이, 이제는 인테리어에 대한 안목이 어느 누구에게도 뒤지지 않을 자신이 있다.

데이롱카페의 데이롱(DAYLONG)의 뜻은 '하루 종일'이다. 고객이 하루종일 앉아서 커피를 마실 수 있으려면 가장 중요한 것은 힐링을 주는 분위기다. 따라서 데이롱카페는 시각적으로 너무 튀는 인테리어는 지양하고 있다. 현재, 데이롱카페 인테리어의 정체성은 '힐링감을 주어 오래 머물 수 있는 편안하면서도 아늑한 분위기의 디자인'이다. 이러한 정체성에 입각해 데이롱카페 인테리어는 2가지 콘셉트를 선보이고 있다.

1. 모던(Modern) & 네이처(Nature) 디자인

일상과 업무에 지친 고객분들에게 '하루 종일(DAYLONG)' 공간 속의 힐링을 만끽하도록 하는 디자인이다. 작은 공간 안에서 자연과 어우러지는 조경을 적용하여 내추럴한 분위기를 조성하는 것과 함께, 모던함이 주는 고급스러움이 조화를 이루고 있다.

2. 코지(Cozy) & 웜(Warm) 디자인

편안하고 따뜻한 공간 분위기를 경험하게 만드는 디자인이다. 실내의 따뜻한 조도와 고급스러운 골드톤 엠블럼(상징)이 매칭이 되어 프리미엄 브랜드 '데이롱'의 고품격 이미지를 구현하고 있다.

인테리어의 정체성과 콘셉트가 정해졌다고 해서 전국 매장 인테리어가 똑같지는 않다. 기본 틀은 유지하되, 현지의 특성에 맞게 조금씩 변형이 되고 있다. 이는 스타벅스 인테리어가 지역화하는 것과 같은 선상이다. 프랜차이즈 카페라고 하면 간판부터 인테리어가 천편일률적으로 똑같아야 한다는 것은 선입견이다.

각 매장마다 조금씩 다른 것이 데이롱카페만의 매력이다. 앰블럼(상징)과 힐링감 주는 분위기 정도만 통일성을 갖추면 된다고 생각을 하고 있다. 색감, 색상, 구조를 똑같이 맞추는 것은 애초에 내 성향과도 맞지 않는다. 나는 예비 점주님들의 좋은 색상 등에 대한 의견을 인테리어에 많이 반영해드리고 있다. 이러한 과정에서 데이롱카페 인테리어의 질적 수준이 점점 높아지고 있다. 이를 통해 데이롱카페는 무인카페 업계의 인테리어를 상향 평준화시키고 있다.

세련된 인테리어로
변신한 가맹점 3곳

데이롱카페를 연다는 것은 곧 세련된 인테리어의 카페를 연다는 것을 의미한다. 타 브랜드 유인카페 못지않게 탁월한 인테리어를 갖추었기에 소비자의 눈길을 단번에 사로잡고 있다. 데이롱카페는 외부에서 보이는 감각적이고 고급스러운 이미지, 그리고 내부의 힐링감을 주는 인테리어를 갖추었다. 그래서 입점한 지역에서 금방 입소문이 난다.

"유인카페인 줄 알았는데 무인카페더라구요. 고급스러운 인테리어 분위기가 너무 좋더라구요."

"우리동네에도 세련된 카페가 생겼네요."

전국의 모든 데이롱카페는 세련된 인테리어를 자랑하고 있다. 이 가운데에서 기존 사업장의 이미지를 눈에 띄게 확 바꾼 안산 신길점, 일산 하늘마을점, 구리 인창점을 소개해드린다. 이 3곳은 데이롱카페가 입점되기 전 일반 호프집, 일식집, 오래된 느낌을 풍겨내는 카페 자리였다. 그런데 지금 데이롱카페가 문을 열어서 세련되고 감각적인 이미지를 선보이고 있다. 데이롱은 어느 곳에 입점하든지, 기존 사업장의 이미지나 분위기에 전혀 아랑곳하지 않고 데이롱만의 콘셉트로 대수선 공사를 하여 지역의 상권과 상가 가치를 높여준다. 현재, 이 3곳의 주변 상권의 분위기가 밝게 탈바꿈되었으며 이 매장은 지역주민분들에게 큰 사랑을 받고 있다.

1. 데이롱카페 안산 신길점

데이롱카페 가맹점 입점 전 정면

데이롱카페 가맹점 입점 후 정면

데이롱카페 안산 신길점 입점 후 내부

데이롱카페 안산신길점은 내부 약 15평으로 무인카페가 입점하기에는 최적화된 평수이며, 'Modern & Nature' 콘셉트를 적용하였다. 입구 계단에 콩자갈 시공을 하여 매장 방문하는 고객의 발걸음에 신경 썼고, 실내 전면에 있는 조경으로 자연과 어우러지는 모던하면서 편안한 느낌을 조성하였다. 이곳에서 프리미엄 퀄리티의 커피와 음료를 합리적인 가격에 소비할 수 있다. 현재 소비자들은 힐링감 주는 공간을 아지트 공간으로 이용하면서 마카롱, 다쿠아즈 등과 같은 디저트까지 굉장히 많이 사랑해주고 있다.

2. 데이롱카페 일산 하늘마을점

데이롱카페 가맹점 인테리어 수리 중 정면

데이롱카페 일산 하늘마을점 입점 후 정면

데이롱카페 일산 하늘마을점 입점 후 내부

데이롱카페 일산 하늘마을점은 'Cozy & Warm' 콘셉트를 적용했다. 편안하면서 따뜻한 분위기를 주고자 조명 톤과 가구, 공간배치에 신경을 더욱 썼다. 바닥은 콩자갈 시공을 하여 일반 타일 시공보다 품격을 높였으며, 길 건너에서도 더욱 잘 보이면서 상가규약에 준수하는 가시성 높은 간판을 특별히 부착했다. 내부에 군데군데 조경을 최소한으로 배치하여 공간이 주는 힐링감을 극대화하였다.

3. 데이롱카페 구리 인창점

데이롱카페 가맹점 인테리어 수리 중 정면

데이롱카페 구리 인창점 입점 후 정면

데이롱카페 구리 인창점 입점 후 내부

데이롱카페 구리인창점은 'Modern & Nature' 콘셉트를 적용했다. 매장 입구밖에 조경 역할을 하는 나무와 식물이 있어서 내부는 모던함만을 적용하였다. 추가로, 점주께서 미술 쪽 분야에 종사 중이라 액자와 그림, 소품 등을 활용해서 모던함과 화사함이 느껴지는 분위기를 연출하였다. 적당한 수준의 소품, 식물과 더불어 모던하면서 편안한 분위기가 어우러져 지역 주민들에게 굉장히 사랑을 받고 있다.

데이롱카페를 말한다 7

데이롱카페 하면서 엄마와
경영주로서 자존감, 행복감 생겨

데이롱카페를 선택한 이유는 세 가지다. 첫 번째는 커피 맛. 커피 맛이 확실히 차별성이 있었다. 카페라는 곳의 본질은 유인, 무인을 떠나 커피 맛에 있다고 생각했다. 이러한 관점에서 데이롱 커피는 고객이 무인이라는 불편함과 생소함을 극복하고도 남을 만큼 커피 품질이 뛰어나다고 판단했다. 두 번째는 입지선정. 유명카페들이 즐비한 메인상권에서 벗어난 입지를 찾아서 무인카페를 창업한다는 것은 쉬운 일은 아니다. 하지만 데이롱 측과 대화하면서 입지에 대한 이해와 자신감을 가지고 오픈 장소를 선택할 수 있었고 좋은 결과로 이어지고 있다. 세 번째 인테리어. 모던한 인테리어가 개인적으로 굉장히 마음에 들었다. 편안하게 쉬었다 갈 수 있는 분위기를 연출하는 인테리어 자체만으로 다른 카페와 차별성을 가진다고 생각했다.

나는 데이롱 경영주이자 아이 둘을 키우는 엄마다. 아이들을 케

어하면서 할 수 있는 것이 많지 않아 여러 가지를 포기하면서 살아왔다. 그런데 데이롱은 아이들을 육아하면서도 카페를 무난히 경영할 수 있다는 큰 장점이 있었다. 현재, 데이롱을 하면서 엄마로서뿐만 아니라 데이롱 경영주로서 행복감과 자존감을 가지고 지내고 있다.

데이롱카페는 무인카페로서 도전하기 좋은 업종이다. 비교적 창업 자본이 크지 않으며 무인이라는 장점을 적극 활용하면 부업으로서 본업과의 병행 및 육아 등도 무난히 해나갈 수 있다. 무인, 24시라는 두려움을 가질 수 있으나, 생각보다 매너 좋고 마음씨 좋은 손님들이 많아 그 또한 크게 염려하지 않아도 된다. 다만, 무인이라 쉽게 돈을 벌 수 있다는 생각은 접어 두는 것이 좋다. 청결 및 고객 관리 등은 점주가 적극적으로 하는 만큼 매출로 이어지니 말이다.

일산주엽점 점주 박소영

CHAPTER 8

AI 기반의
원격제어 앱

: 데이롱카페 성공 요소 ④

머신이 맛 조절에
단골고객 관리까지

무인카페의 핵심 장비는 음료와 제과를 제공하는 머신이다. 특히나 데이롱카페에서 커피 매출이 많은 특성상 커피머신의 역할이 지대하다. 상주하는 사람 대신에 고객분들에게 고품격 커피를 제공하기 때문에 늘 최상의 기능이 보장되어야 한다.

데이롱카페의 머신은 키오스크, 제빙기, 커피머신, 티&에이드 머신 네 개로 분리 구성이 되었다. 맨 왼쪽에 있는 키오스크에서 주문을 하고 컵을 받은 후에 우측에 제빙기를 거쳐서 오른쪽 옆에 있는 커피머신과 티&에이드 머신에서 음료를 받으면 된다. 주문에서 픽업의 동선이 왼쪽에서 오른쪽으로 매끄럽게 이어지게 되어 있다. 머신에서 친절하게 음성 안내방송이 나오며, 키오스크 화면에는 머신 모양의 UI(사용안

내)가 나와서 누구나 쉽고 편리하게 머신을 사용할 수 있게끔 시스템화 되어 있다.

무인카페로 데이롱카페를 처음 찾는 분들도 많지만 다른 무인카페를 방문한 경험이 있는 분들이 찾고 있다. 처음 오신 분들은 걱정 반 호기심 반이었다가 정말로 커피가 맛있고 머신 성능이 편리해서 재구매 의사를 갖고 반복 방문해주신다. 이와 달리 다른 무인카페를 경험했던 분들은 다소 의구심을 품는다.

"다른 동네에서 무인카페에 가봤는데 맛도 그저 그렇고 가격도 싸서 역시나 했다."

"다른 무인카페에 처음 가봤는데 커피랑 에스프레소 맛이 너무 없고 맛이 획일적이었어. 나는 고소한 원두를 좋아하는데 신맛이 나서 나랑 안 맞았어."

그럼에도 데이롱카페의 세련된 인테리어에 끌려 안으로 들어온 후, 커피 주문을 해본다. 이때, 키오스크 앞에서 커피 가격이 비싸지 않고 합리적이라는 것을 확인하게 된다. 그다음 원하는 커피를 선택해 주문을 하는데 이때 반색을 한다.

"오, 맛 조절이 된다구?"

데이롱카페의 커피는 맛 조절이 가능하다. 천편일률적인 맛을 무성의하게 제공하지 않는다. 맛 조절은 다음과 같다.

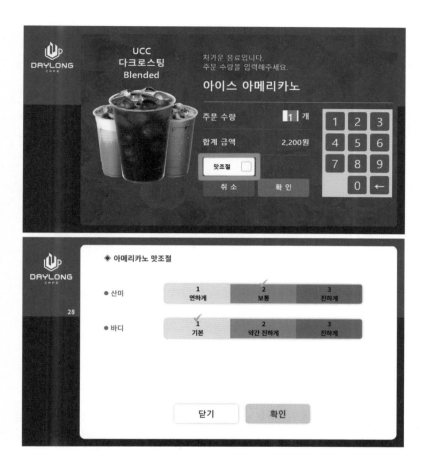

- 산미: 연하게 / 보통 / 진하게
- 바디: 기본 / 약간 진하게 / 진하게

고객은 여기에서 자기 취향에 맞게 조절을 한 후 결재를 하면 된다.

그 다음 컵을 받은 후 제빙기에서 얼음과 물을 받고 커피머신에서 커피를 받아서 이용하면 된다. 이렇게 하면 고객들이 선호하는 여러 취향의 커피 맛을 거의 다 커버할 수 있어서 고객들의 만족도가 매우 높다. 마치 자주 찾는 개인카페의 사장님이 고객분 개개인의 취향에 맞게 커피를 내주는 것과 같다.

예비 가맹점주님들은 무인 카페에서 머신이 고객을 상대하다 보니, 고객관리나 서비스, 호객 행위가 어려울 거라 생각한다. 머신은 일반 자판기처럼 오로지 주문을 받은 커피, 음료 등을 내놓기만 한다고 생각하기 때문이다. 하지만 데이롱 커피머신은 여느 유인업종과 같이 단골 고객 관리를 통해 매출을 증진하고자 하는 예비경영주님들의 니즈에 부합되는 기능들이 다양하게 탑재되어 있다.

예를 들면 '단골회원 등록 및 충전' 기능이 있는데 이는 유인카페에서 사람이 직접 쿠폰에 스탬프를 찍어서 단골을 관리하는 기능과 동일하다. 스탬프를 찍는 주체가 사람에서 머신으로 바뀐 것이다. 고객 입장에서는 자주 매장을 이용하는 단골고객에게 서비스와 혜택을 더 준다면 매우 좋아할 것이다. 게다가 얼굴 인식 기능, 손바닥의 정맥 인식 기능, 핸드폰 번호 입력 기능이 있어서 고객이 원하는 방식으로 쉽게 단골 회원 등록이 된다. 한번 단골 회원으로 등록을 해놓으면 카메라의 얼굴 인식을 통해서나, 손바닥을 펼쳐서 정맥 인증을 통해서 혹은 단골 회원 음료 이용화면을 통해서 편리하게 음료를 이용할 수 있다. 단골 회원들은 손쉽게 음료를 이용할 수 있으며, 이용한 횟수에 따라 쿠폰에 스탬프가 자동으로 찍히게 된다. 쿠폰&스탬프는 커피머신 키오스크 화면 상단 중앙에 표시된다.

고객이 단골 회원으로 등록할 때 고객분의 개인정보를 입력해야 한다. 이러한 고객분들의 개인정보는 머신에서 수집과 활용에 동의를 한 것이므로 단골 개개인의 정보를 토대로 고객 맞춤 서비스를 진행할 수 있다. 단골 등록이 된 회원에게 드리는 혜택은 3가지가 있다.

❶ 10잔 구매하신 고객에게 '무료 음료 1잔' 제공
❷ 생일 전후 7일 방문 시 '무료 음료 1잔' 제공
❸ 페이스(Face)페이 3만원 이상 충전시 '추가 충전금액' 지급
  • 3만 원 충전 시 ▶ 3% 추가 적립
  • 4만 원 충전 시 ▶ 4% 추가 적립
  • 5만 원 충전 시 ▶ 5% 추가 적립

이와 더불어 커피머신의 소프트웨어 프로그램을 활용하여 이벤트를 진행할 수도 있다. 본사와 협의 후, 조조할인 이벤트, 여름 바캉스 이벤트, 크리스마스 이벤트, 개학 이벤트 등을 하여 고객을 끌어들일 수 있다. 여기서 더 나아가 단골고객에게 단체 문자를 보내어, * 주년 기념으로 매장 방문 시 할인권을 주거나 쿠폰을 지급한다고 알릴 수 있다.

이와 함께 커피쿠폰 전송하기 기능도 있다. 이로써 머신이 사장님처럼 단골들에게 각종 혜택을 주어 고객관리를 하는 것이 가능하다.

가맹 경영주 입장에서는 앱을 통해 원격으로 머신을 제어할 수 있어서 무척이나 편리하다. 머신 청소, 전원을 켜기와 끄기, 강제로 컵과 음료 투출하기 등을 원격으로 실시간 작동가능하다. 만약 머신에 문제가 생길 시에 어떻게 할까? 이때는 본사에서 미리 머신 문제의 증상에 따라 대응 및 조치하는 영상을 제작 및 배포해 놓았으므로 경영주님이 직접 영상을 보고 자체적으로 해결할 수 있도록 해놓았다. 그래도 문제 해결이 안될 때는 데이롱카페 본사에서 원격으로 발생한 문제의 90%를 직접 제어해서 해결해 드리고 있다.

무인카페 사업에서 커피머신 성능의 중요성은 재차 강조해도 지나치지 않는다. 사람을 대신해서 24시간 365일 사업매출을 일으키는 장본인이기 때문이다. 지치지 않고 커피를 잘 만들어야 할 뿐만 아니라 여러 가지 기능을 통해서 고객들에게 호객 행위를 해서 매출을 극대화해야 하는 것은 물론 커피머신을 관리하는 경영주의 지시도 언제 어디서나 원격으로 잘 받는 성실한 일꾼이어야 한다. 이는 곧 애초에 데이롱카페 본사와 가맹사업자가 어떤 회사의 커피머신을 사용하느냐가 중요하다는 말이다.

데이롱카페에서는 국내에서 무인카페 상업용 커피머신을 제일 많이 공급하는 기술력이 탁월한 주식회사 이디엠에스(EDMS)와 전략적 제휴를 맺고 제품을 공급받고 있다. 이 회사의 커피머신은 유럽의 핵심 부품이 중국을 거쳐서 국내에 오면, 공정결합을 마친 다음 국내에서 개발한 소프트웨어를 탑재한 것이다. 동종업계 어느 머신과 견주어도 압도적인 하드웨어와 소프트웨어 기술력으로 인정받고 있다. 가히 무인 카페 업계에서 커피머신으로 1등 기업이다.

머신 AS/CS의 경우, 데이롱이 주도적으로 진행하되 EDMS에서도 데이롱카페와 협조하여 머신의 각종 문제 해결에 열심히 지원사격을 해주고 있다.

실시간 CCTV 촬영과 라이브 방송

무인카페에는 상주하는 사람이 없다. 이로 인해 매장에서 발생하는 다양한 문제를 빠르게 사람이 나서서 해결하기가 어렵다. 물론, 경우에 따라 점주님이 매장으로 찾아와서 문제를 해결해주기도 하지만 매번 이렇게 하기는 쉽지 않다.

그렇다면 무인카페는 매장 관리 면에서는 불리한 점이 많지 않을까? 이런 저런 걱정과 우려가 앞설 수 있다. 가령, 매장의 비품을 훔치려고 하는 경우, 머신을 망가뜨리려는 경우, 취객이 와서 소란을 피우는 경우, 어르신이 방문했는데 머신 작동법을 몰라서 헤매고 있을 경우, 이럴 때 어떻게 해야 할까? 이 역시 시스템으로 해결이 된다.

데이롱카페에는 실시간으로 CCTV 3~4대가 24시 작동하며 한 달간 녹화를 하고 있다. 경영주님은 스마트폰에서 앱을 열어서, 시시각각 매장을 살펴볼 수 있다. 다음의 이미지처럼, 경영주님은 본업을 하는 틈틈이 앱에서 매장의 입구와 내부를 전반적으로 살펴볼 수 있다. 이러한 CCTV가 있기에 도난 등의 나쁜 일은 사전에 예방이 된다. 설치된 4개의 CCTV가 매장을 꼼꼼하게 관리해주는 기능을 발휘하고 있다.

CCTV 영상 촬영 사진

내가 동부건설 재직시절 한창 데이롱카페 본점 월곶 매장을 운영할 때다. 나와 아버지가 번갈아 가며 매장을 관리했다. 나는 회사 사무실 책상에 앉아 있으면서 틈틈이 앱을 열어서 매장의 CCTV 영상을 확인했다. 이때마다 아버지가 매장에서 얼굴을 자주 비추셨다. 아버지는 고객들과의 대면응대를 중시하고 있어서 그런지 시간이 날 때마다 매장을 찾아주셨다. CCTV 영상을 보면, 아버지가 고객에게 안내를 하는 모습, 머신에 원두를 넣는 모습, 청소를 하는 모습이 나오곤 했다.

현재, 나는 데이롱카페 본사의 직영점 CCTV 영상을 자주 살펴보고 있다. 고객분들이 다들 알아서 무인카페 문화를 만들어 가고 있음을 확인하게 된다. 둘이 와서 대화를 하면서 음료와 제과를 먹은 후 탁자 위를 치우고 나가는 모습, 혼자 와서 커피를 마시면서 노트북을 들고 공부를 하는 모습, 혼자 통유리 앞에 앉아서 전화를 하는 모습, 고객 두 분이 테라스에 앉아서 바람을 쐬는 모습들이 보이곤 한다. 무인카페 문화를 스스로 준수해가는 모습에 매번 뿌듯함을 느낀다. 사람이 없는 무인카페에서도 매장관리와 운영이 차질없이 잘되고 있다.

그래도 매장에서 실시간 발생하는 문제를 즉각적으로 처리 응대하는 데 한계가 있지 않을까 우려할 수 있다. 이점도 크게 걱정하지 않아도 되고 시스템으로 해결이 된다. 매장에서 실시간 발생하는 제일 큰 문제 중의 하나는 머신과 관련이 있는데 머신 고장이나 고객의 머신 작동법 미숙이다. 고장이 생길 경우, 본사 AS/CS팀에 카카오채널을 통해 실시간 접수를 해주시면 그 즉시 커피머신 원격제어를 통해 해결해 드린다.

그리고 고객의 머신 작동법 미숙의 경우, 매번 사람이 매장에 나가기란 쉽지 않다. 이에 대한 방안도 마련해두고 있다. 실제로 매장을 방문한 어르신들이 머신 이용에 애를 먹는 일이 자주 발생하고 있다. 그러면 곧장 경영주님에게 전화를 걸어 빨리 음료를 내달라고 언성을 높이시기도 한다. 사실, 머신 키오스크 화면에서 머신 UI(사용안내)와 음료머신 사용하는 방법 및 순서가 음성 안내방송과 동시에 다 나온다. 하지만 어르신이 머신 사용에 익숙지 못하다. 그렇다고 매장에 누군가를 보낼 수도 없다.

이때는 매장에 설치된 라이브 방송으로 해결이 된다. 경영주님이 CCTV 영상을 보면서, 라이브 방송을 한다.

"우선 스크린 화면에 키오스크 터치해주시고 결제하세요. 그리고 …을 누르시고 카드는 여기에 삽입하시면 됩니다. 카드 삽입구는 여기입니다. 컵은 우측에서 나오며, 오른쪽 옆에 컵을 놓은 후 레버를 한번 밀어주시면 얼음이 나오며, 그 다음 옆에 컵을 놓은 후 레버를 밀어주시면 음료가 나옵니다. 천천히 하시면 되세요."

이렇게 하면 매장에 있는 어르신과 소통이 잘 된다. 차근차근 하나씩 설명하고, 그에 따라 어르신이 따라 하기 때문이다. 이로써 고객이 머신 작동법 미숙으로 인해 생기는 문제도 잘 해결해낼 수 있다.

사람이 운영하는 카페가 지닌 장점은 고객에게 사장님과 직원이 친절하고 따뜻한 말 한마디를 건넬 수 있다는 점이다. 이 말 한마디로 인해 고객은 카페를 한 번 더 방문하게 되기도 한다. 친절한 그 말 한마디의 부재로 고객은 카페 주인장한테 삐지거나 섭섭해서 카페를 다시는 방문하고 싶은 마음이 생기지 않기도 한다. 그러면 데이롱카페는 어떨까? 라이브방송이 대신 친절하고 따뜻한 말을 라이브로 건네준다. 경영주님이 매장 상황을 보면서 말을 하기 때문에, 고객은 자신에게 사장이 말을 건네주는 것 같은 기분을 갖게 된다.

최근 내가 월곶 본점의 라이브 방송에서 종종 하는 멘트는 이것이다.

"오늘도 저희 데이롱 카페 이용해 주셔서 감사합니다. 저희 데이롱 카페는 이제 전국에 230호점 넘게 오픈이 되고 있고 여러분들 덕분에 성장하고 있습니다. 이 모든 일이 데이롱카페의 최초 본점인 월곶점에서 시작이 되었습니다. 앞으로 데이롱카페 월곶 본점 많이 사랑해 주십시오. 감사합니다."

매장관리와 운영은
앱으로

데이롱카페는 독보적인 원격 제어 시스템을 앱에 구축해 놓았다. 스마트폰만 들고 있으면 언제 어디서든지 매장 관리가 빈틈없이 이루어진다. 예비 경영주님들에게 이렇게 강조하고 있다.

"경영주님들은 직장과 집에서 간편하게 매장을 관리하고 운영하실 수 있습니다. AI 기반의 앱을 이용해 원격으로 머신 제어, 매출 관리, 원자재 구매를 할 수가 있어요. 앱 하나로 매장을 효율적으로 관리 운영이 가능합니다."

경영주님들은 무엇보다 하루하루 매출이 얼마나 나왔는지, 어느 상품이 많이 나갔는지 궁금하다. 그리고 매달 매출액이 얼마나 나왔는지를 알고 싶어 한다. 데이롱카페의 AI기반의 앱에서는 매일 실시간 상품별 판매 내역이 나오며, 매달, 매년 집계된 매출액이 나온다. 경영주님 입장에서는 언제 어디에서나 편리하게 스마트폰에서 앱을 열어보기만 하면 된다. 특히나 스마트폰을 컴퓨터에 연결하여 엑셀로 추출할 수 있느니, 사용하기도 편하고 오차없이 정확한 체크가 가능하다.

가령, 지난 한달 간 발생한 날짜별 매출은 다음(우측)과 같이 나온다. 이 화면에서 원하는 날짜를 클릭하면 그날의 카드와 현금 매출액을 확인할 수 있다. 매장 실시간 총매출은 다음(우측)과 같이 나온다.

일자별 매출 현황   실시간 통합매출 현황

구체적으로 어떤 상품이 몇 개 팔렸는지가 궁금할 수 있다. 이 경우에는 음료 상품을 클릭하면 다음과 같은 화면이 나온다. 이를 통해 고객분들의 취향을 분석하는 것은 물론 소진되는 원자재 양을 측정할 수 있기에 그에 맞게 미리 적정량의 원자재를 주문하여 비축할 수 있다. 그리고 매뉴별로 원격으로 제어가 가능하다.

실시간 상품별 매출 현황 　　　　　**메뉴별 원격제어 기능**

이와 더불어 경영주님들이 많은 신경을 쓰는 것이 머신 관리이다. 상주하고 있지 않다 보니, 언제 어떻게 머신에 이상이 생길지 모른다. 만약 머신에 큰 문제가 생기면 그날의 매출에 큰 지장을 주게 된다. 이 점도 큰 걱정을 안 해도 된다. 원격으로 컵과 얼음, 음료 투출이 가능할 뿐만 아니라 브로멕(커피추출기)과 믹싱볼 세척하기 그리고 브로멕 초기화와 커피투출 강제정지 등을 조작할 수 있다.

커피머신 원격제어 기능

원자재 주문도 앱으로 간단히 진행할 수 있다. 앱에서 모바일 쇼핑 하듯이 해당 제품을 담은 다음 해당 매장을 선택하여 버튼을 눌러서 주문하기 누르면 끝이다. 이렇게 하면 택배 배달되듯이 매장으로 직접 원자재 배달이 된다.

원·부자재 주문 기능

데이롱카페의 앱은 회계직원, 관리 직원, 사장님의 역할을 모두 완벽하게 해내고 있다. 앱 하나로 무인카페를 관리하고 운영하는 데 아무런 부족함이 없이 수월하게 진행할 수 있다. 데이롱카페의 매출을 쑥쑥 올려주는 숨은 핵심요소 중 하나가 소프트웨어 기술력을 바탕으로 하는 '앱'이라고 보면 된다.

데이롱카페를 말한다 8

직장 다니면서 최소한의
시간 투자로 추가 수익 얻어

3~4년 전쯤 노후에 대한 불안으로 무인사업에 대해 몇 가지 검토를 했었습니다. 무인으로 운영하는 빨래방, 아이스크림점, 편의점, 카페 등을 알아보았지만 여러 가지 관리 및 비용 등의 문제로 시작도 못하고 있었습니다. 그런데 우연히 재직 중인 회사와 데이롱 본사가 업무 협약을 맺게 되면서 데이롱만의 특장점을 알게 되어 망설임 없이 바로 계약을 진행해서 벌써 2개월 동안 운영을 해보았습니다.

무인카페라고 하면 맛없음, 문제발생 시 즉시 해결 못함, 지저분함 등의 고질적인 문제점이 있다고 생각되어 보류했었는데, 데이롱은 이런 문제점들이 전혀 없다는 점이 마음에 들어 바로 선택을 할 수 있었습니다.

투잡으로 시작을 하다 보니 시간 내기가 빠듯합니다. 그런데 데이롱은 장소 선정부터 인테리어까지 전부 알아서 진행을 해주어, 회사 다니면서 거의 신경 쓸 것이 없이 빠르게 시작할 수 있었습니다. 퇴근 후 30분 정도 재료 채우고 매장정리만 하면 된다는 점이 너무 편합니다. 무엇보다 유동인구가 많은 사거리로 장소를 너무 잘 골라 주셔서 매출이 만족스럽게 나오고 있어 데이롱에 감사한 마음이 큽니다.

저는 이십 년 넘게 직장생활만 해왔고 자영업은 힘들다는 생각만 했었어요. 지금은 다릅니다. 직장을 다니면서 하루 채 한 시간도 안 되게 투자하여 추가의 수익을 얻고 있습니다. 가족에게도 추천할 만큼 괜찮은 창업 아이템이라 생각합니다.

강남 역삼점 점주 **황미라**

DAYLONG
CAFE

∅ CHAPTER 9 *∅*

매장 매출을 높이는
영업 비법

: 데이롱카페 성공 요소 ⑤

무인카페 매출의 힘,
대면 응대

"사장님, 아메리카노 한잔 주세요."

한 여성분이 카페 사장에게 말했다. 카페 사장은 자주 카페를 찾는 그 고객을 기억하고 있었고 반갑게 맞이해 주었다. 카페 사장이 커피를 건네주면서 요즘 어떻게 지내는지 물어봤다.

"취직 시험 합격했고 지금 면접시험을 준비 중이에요."

"아, 잘 됐군요. 제가 축하 선물로 이 커피를 선물로 드리겠습니다. 면접시험도 꼭 합격하세요."

"아, 정말요, 감사합니다."

"대신 저희 카페를 많이 사랑해주세요."

이 대화는 유인카페에서나 생길 법한 것이다. 비대면을 특징으로 하는 무인카페에서는 카페 사장과 고객과의 친밀한 대화가 평범한 상황은 아니고 보편적이지 않다고 생각할 것이다. 상당히 많은 무인카페가 비대면으로 매장이 운영되고 있다. 하지만 데이롱카페는 조금 결이 다르다. 위의 대화가 실제로 본사 직영점이자 데이롱카페의 모태가 되는 월곶 본점에서 내가 고객님들과 주로 주고받던 것이다.

2020년 6월 월곶에 무인카페를 처음 열었을 때 나는 퇴근 시간 그리고 주말 시간을 이용해 그곳에 평일에는 적어도 한두 시간, 주말에는 반나절이 넘도록 내내 상주했다. 그러면서 고객들에게 인사를 드리고, 친절하게 응대하려고 노력했다. 그리고 중간에 무인카페 사업에 관심 있는 분들이 오시면 틈틈이 창업준비 절차부터 입지선정기준, 매장운영 및 관리를 아는 선에서 열심히 상담해드리고 여러 내용들을 공유해주었다. 지금 생각해보면 이때 매장 한 개를 운영해서 경험이 많지 않은 상황에서 알고 있는 한도 내에서 정성스럽고 성실하게 정보전달을 한 것 같다.

아직도 많은 고객들의 얼굴이 지금도 생생히 떠오른다. 내가 매장에서 친분을 쌓은 그분들은 월곶 본점의 높은 매출을 올려주는 충성 고객이 되었다. 매장에 시간 날 때마다 가있다 보니, 일부 고객은 나를 보러 방문해주는 일도 있었다.

월곶 매장을 운영할 때는 내가 아직 회사에 재직하고 있을 때라서 온전히 매장을 운영 및 관리할 수 있는 상황이 아니었다. 당시, 어머니와 아버지는 따로 거주하셨고 나는 어머니를 모시고 있었는데 경기도 부천 중동에 있는 집에서 월곶까지는 차로 30~40분 거리였다. 이때 아버지가 월곶 근처에 거주하시면서 월곶 매장을 틈나는 대로 관리를 해주셨다. 아버지는 평일, 주말 가릴 것 없이 거의 반나절 이상을 매장에 계시면서 고객 응대와 매장관리를 해주었다. 특히나 사업을 하실 때부터 사람 만나는 것을 좋아하시던 아버지는 매장에서 고객을 맞이하고 대화를 하는 것을 무척이나 반기셨다. 어느 주말에 내가 매장에 가 있노라면, 고객들이 아버지에 대한 말을 전해주었다.

한 중년 남성은 이런 말을 했다.

"사장님 아버지가 상당히 친절하시더라구요. 내가 키오스크 사용법을 잘 몰라서 우두커니 서 있으니까 내 곁에 와서 하나하나 알려주었습니다."

한 아이의 엄마는 이런 말을 했다.

"아이가 시끄럽게 우는데도 뭐라고 하지 않으시더라구요. 오히려 우는 아이를 달래려고 마카롱을 건네주었어요. 너무 감동먹었습니다."

아버지가 고객 만족 서비스를 충실히 해주었던 것이다. 이뿐만 아니라 아버지는 홍보에도 열을 올리셨다. 시간 날 때마다 친구분들을 매장에 불러서 음료를 제공해 주셨다.

"이거 아들이 하는 무인 카페야. 참 신기하지 않냐? 유명 브랜드 카페 이상으로 커피 맛이 좋지?"

현재, 월곶 매장의 단골 대부분은 아버지가 만들었다고 해도 과언이 아니다. 월곳 데이롱카페 본점 성공의 숨은 공신은 아버지이다. 아버지가 매장에서 고객들과 대면으로 친절하게 응대해준 것이 월곳의 높은 매출 성공의 힘이 되었다.

일반적으로 무인카페를 해보려고 하는 분들의 대다수는 무인업종이니까 최소한의 노동으로 매장을 운영하시면서 현금흐름을 만들고 싶어한다. 그래서 아무것도 하지 않고 손을 놓거나 관리를 소홀히 해도 된다는 생각을 가지고 이 사업 자체를 쉽게 생각하는 분들이 꽤 있다. 이는 절대 오산이다. 무인카페는 인건비가 들지 않는다는 장점을 가지고 있지만 이 말은 곧 경영주가 매장 관리를 거의 하지 않아도 된다는 것이 아니다. 무인카페 경영주는 본업 외에 하루에 한 시간 정도만 투자해도 된다는 말은 최소한 그 정도의 노동력을 발휘해야 한다는 의미이다. 따라서 매장관리 및 운영에 최소의 시간도 투자하지 않고서 매장 매출이 절대적으로 높게 나오길 기대하는 것은 사실상 어불성설이다.

나는 영업을 할 때 경영주님들에게 지속적으로 의식개선차 말씀드리고 있다.

"하루에 몇 번, 몇 시간씩 매장에 있어야 한다는 룰은 없습니다. 다만 꾸준히 상위매출을 나오길 진심으로 원하신다면 정해진 횟수와 시간에 제한 없이 시간이 날 때마다 매장에 찾아가야 합니다. 무인 카페라고 하지만 점주님들이 매장에 신경을 써야 합니다. 애착을 갖고 자주 매장에서 고객을 응대하고 단골고객님과 유대감을 잘 형성해놓으면 실제로 매출 증진을 불러옵니다."

높은 매출을 유지하고 꾸준히 매출이 올라가는 매장을 보면 경영주님들이 매장에서 가서 단지 청소하고 머신 점검하고 원재료 보충하는 것으로 끝내지 않는다. 제각각 다른 방법으로 고객응대 서비스를 펼치고 있다. 이를 통해 유인카페나 맛집이 그렇듯이 고객들이 끊임없이 유입이 되고 단골고객님들이 계속해서 늘어나고 있다.

특히 오픈 초기에 점주가 많은 시간을 매장에 투자하는 것이 중요하다. 머신 사용법을 잘 모르는 고객에게 안내를 해주며, 자주 오시는 분들에게 인사하고 음료를 하나 더 드리는 일을 해야 한다. 그러면 고객분이 너무 좋아하신다. 이를 통해서 고객과 대면으로 친해지면 강력한 재구매 의사를 가진 단골고객 확대에 굉장히 효과적이다.

결국은 무인 카페도 유인업종과 같은 영업 노하우를 적용한다면 무인카페 사업의 수익률을 극대화시킬 수 있다고 확신한다. 무인카페 사업에서의 직접 고객응대 효과를 3가지로 분류해서 말씀드린다.

1. 고객 만족도 향상

점주가 직접 고객을 친절하게 응대하고 관리하면, 고객은 훨씬 나은 서비스를 받는다는 느낌을 받는다. 위생적이고 청결하게 관리된 공간에서 신선한 원두로 대접받는다고 느끼게 된다.

2. 고객 충성도 증가

무인카페라서 매장 경영주님과 가벼운 인사 정도의 대면도 원치 않는 고객이 있을 수 있다. 하지만 점주 대 고객으로서의 친밀한 관계가 형성되면 위에서 언급한 고객 만족도 향상과 더불어 사람이 사람을 불러오는 영업&마케팅 효과가 커진다. 따라서 다른 무인카페 대신에 데이롱카페를 선택하려는 경향이 생긴다. 이는 고객 충성도를 높이며, 단골고객이 만들어져서 중·장기적으로 매출을 증가시킨다.

3. 서비스 개선과 피드백 수집

경영주가 매장에 상주하면 고객들로부터 매장 운영 및 관리 측면에 관해서 직접 피드백을 받을 수 있으며, 이를 토대로 서비스를 개선할 수 있다. 고객들의 요구사항과 의견을 듣고 이를 반영할 것은 반영하고 아닌 것은 거절하는 과정에서 무인카페의 경쟁력이 더 강화된다. 근거리 지역 내에 무인카페 2개가 생겼다고 하더라도, 점주가 자주 와서 매장관리도 하고 고객응대 하면서 서비스 개선과 피드백이 활발히 진행되는 매장이 소비자들에게 선택받을 수밖에 없다.

적극적인 온라인
홍보 마케팅

"대표님, 매출 높이는 특별한 비법 있으면 알려주십시오."

"매출을 꾸준하게 안정적으로 높이는 방법이 없을까요?"

이제 막 데이롱카페의 점주가 되신 경영주님들이나 조금 더 매장의 매출 증진을 바라는 경영주님들이 본사에 수시로 하는 질문이다. 사실, 이런 질문은 프랜차이즈 사업을 비롯해서 자영업 또는 다른 업종의 사업과 회사를 운영하는 대표가 스스로 끊임없이 고민하면서 해결책을 찾아내야 한다고 본다.

나는 항상 본사와 가맹 사업자간의 시너지를 극대화하기 위한 가장 중요한 요소 중 하나는 가맹점을 운영하는 경영주님들의 매출 향상이라고 생각하고 있다. 매출 향상이 되기 위해서는 데이롱의 시스템과 아이템이 시장에서 대중들에게 큰 사랑을 받고 있어야 한다. 결국, 경영주님들은 매출향상을 위해 데이롱카페 본사의 함선을 탄 운명 공동체나 다름없다. 따라서 함선의 선장을 맡은 내 역할이 굉장히 중요하다고 생각한다.

나는 수많은 매장의 성공 사례를 살펴봐 왔다. 이 과정에서 매출 높은 매장 경영주님들의 자발적으로 진행한 매출 높이는 방법을 알고 있다. 요즘 같은 온라인 시대에 빼놓을 수 없는 것이 온라인 홍보 마케팅이다. 매출 높은 데이롱카페 경영주님들은 공통적으로 온라인 홍보 마케팅에 열성적이다. 경영주님들은 기본적으로 블로그, 인스타그램, 카카오스토리, 페이스북 계정을 만들어 운영을 하고 있다. 이 외에 매출을 높이는 중요한 온라인 홍보 마케팅 방법으로 무엇이 있을까?

첫째, 사업자로서 네이버 스마트플레이스를 활용할 수 있다. 네이버 스마트플레이스는 고객을 대상으로 영업을 하는 외식업 분야에서 필수적인 온라인 홍보수단이다. 사업자들이라면 누구나 무료를 사용할 수 있다. 카페, 식당, 병원 등에서 이를 많이 활용하고 있다. 특히, 유명 맛집은 네이버 스마트플레이스의 효과를 톡톡히 보고 있다.

고객이 유명 맛집 이름을 검색하면 기본적으로 지도가 나오는 것과 함께 고객들이 솔직히 후기들이 나온다. 고객들이 중요시하는 것은 해당 매장을 방문한 고객들의 리뷰이다. 이 글을 보면서 맛집에 대한 평가를 한다. 긍정적인 리뷰가 많으면 역시 그곳은 맛집이라고 생각하고 방문하려는 의지를 굳히지만, 반대로 부정적인 리뷰가 많으면 소문과 달리 좋지 않은 곳이라고 판단하여 방문하지 않는다. 따라서 맛집에서는 긍정적인 리뷰가 많이 달리도록 방문자에게 더욱 친절하게 서비스하면서 최고의 메뉴를 제공하고 있다.

데이롱카페 경영주님들도 네이버 스마트플레이스를 많이 활용하고 있다. 특히나, 매출이 높은 가맹점의 경우, 네이버 스마트플레이스에 긍정적 리뷰가 많다. 구로 구일점은 이렇다.

"매장이 정말 깨끗합니다. 웬만한 개인카페 저리가라입니다."
"커피랑 마카롱 찐 맛집이네요. 동네에 가성비 좋은 카페 생겨서 너무 좋아요."
"단골등록 하면 10잔에 1잔 무료라고 하니 얼른 10잔 마셔야겠어요."

이런 리뷰의 효과는 어떨까? 데이롱카페 구로 구일점을 우연히 지나가다가 본 동네 주민분들이 스마트폰으로 검색하여 호의적인 리뷰를 본다. 그러면 어김없이 데이롱카페를 방문해야겠다는 생각을 갖게 된다. 정릉 국민대점도 스마트플레이스를 잘 활용하고 있다.

"더운 날씨에 방문하니 에어컨이 빵빵하니 너무 시원해서 피서온 것 같았어요."

"무인카페가 이렇게 깨끗하고 예쁜 곳은 처음 봐요~"

"일하러 노트북 들고 갔는데 커피도 너무 저렴했는데 정말 맛있었어요."

이는 주 고객인 대학생들이 남긴 리뷰이다. 이 후기는 인위적이거나 과장된 게 전혀 없다. 고객으로서 실제 데이롱카페를 방문한 경험을 솔직하게 적은 것이다. SNS에 친숙한 MZ세대 대학생들은 이 리뷰를 보고 데이롱카페에 대한 호의적인 생각을 품게 되고, 이는 곧 방문으로 이어지게 된다.

둘째, 인스타그래머, 블로거에게 혜택을 주어 후기를 올리게 할 수 있다. 인스타그램과 유튜브, 네이버 블로그는 요새 대세 SNS 플랫폼이다. 자영업자분들이거나 개인사업자분들은 본인들 매장 홍보를 위해 SNS 플랫폼을 사용해야 하는 것은 필수사항이다. 소비자가 해당 SNS를 통해 키워드 검색을 하거나 특정 매장을 검색할 경우를 대비해 노출이나 홍보가 잘 되어 있는 매장이 유리하다. 소비자는 그런 매장 위주로 먼저 눈길이 가기 마련이기 때문이다. 특히 지역상권과 동네상권 위주의 무인카페 같은 경우, 동네 주민분들에게만 제대로 홍보가 되어도 매출에 큰 도움이 될 수 있다. 지역주민분들이나 근방에 거주하는 고객들은 습관적으로 해당 지역을 기반으로 SNS 플랫폼의 정보를 활용해서 관련된 글, 리뷰 등을 많이 살펴보고 있다.

특히 요새는 인스타그램이 젊은 20~30대 소비자 층이 이용하는 주 플랫폼이 되어서 젊은 경영주들은 인스타그램에 집중적으로 본인 매장을 홍보하고 있다. 인스타그램을 통해 이쁜 매장 사진이나 다양한 이벤트를 공유할 수 있다. 또한 소비자들과 지속적인 소통을 함에 따라 여러 고객님들의 호의적인 평가와 리뷰가 많이 달리게 되면 자연스럽게 정말 찐 홍보가 되고 있음을 체감할 수 있다. 계속해서 늘어가는 인스타 팔로워 수와 블로그에 방문하는 수가 늘어남에 따라 특정 매장은 지역상권에 홍보가 되어 단골고객의 충성도를 높일 수 있고, 지역 주민분들에게도 친근하게 다가가게 되어 매출 상승에도 큰 도움이 될 수 있다.

더 나아가 매장 내에 "블로그나 인스타그램에 매장 사진과 후기를 올리면 음료 무료 쿠폰 지급"이라는 안내문을 적은 간판물을 부착하면 더욱 효과적이다. 이를 통해 자연스럽게 매장의 온라인 홍보를 독려할 수 있다. 긍정적인 후기가 많이 올려질수록 그만큼 해당 매장이 온라인상에서 많이 노출이 되어 광고 효과가 높아진다.

네이버 블로그는 검색 시 많이 노출이 되며, 고객들이 블로그의 글을 많이 살펴보고 있다. 블로그에 매장에 대한 호의적인 평가와 리뷰가 많이 달리면, 고객들은 그 매장을 방문하고 싶은 마음이 들게 된다. 무료 쿠폰 등을 지급하여, 많은 이웃이 있고, 방문자 수가 많은 블로거에게 해당 데이롱카페 매장을 방문한 경험담을 포스팅하게 요청하면 된다.

많은 블로그에 해당 데이롱카페의 긍정적인 후기가 올려질수록 그만큼 해당 매장은 온라인 상에서 많이 노출이 되어 광고 효과가 높아진다.

셋째, 많은 회원을 거느린 지역 커뮤니티에 광고를 할수 있다. 지역 커뮤티니 가운데 외식업에서 많이 활용하는 것으로는 대표적으로 전국 곳곳에 있는 맘카페가 있다. 맘카페의 입소문의 위력은 참으로 대단하다. 대한민국 경제생활의 주력인 30~40대 '엄마'들의 지갑을 열게 하려면 온갖 열과 성의를 다해서 사업 아이템에 대해 신경 써야 한다. 아이들을 항상 생각하고 이것저것 많이 비교하면서 효율적인 소비를 지향하는 엄마들의 소비 만족을 한 번이라도 얻는다면 매출 증진에 큰 도움을 받을 수 있다. 이런 맘카페에 광고하려면 무료로 진행하기에는 쉽지 않다. 아파트 단지와 지역 기반의 커뮤니티를 활용하려면 일정 수준의 비용을 내어야 한다.

현재, 지역 맘카페에 유료로 광고를 해서 데이롱만의 프리미엄으로 인정받고 고객들에게 계속해서 사랑을 받는 매장들이 꽤 된다. 이에 따라 브랜드 '데이롱'이 계속해서 성장하고 매장이 늘어나게 되는데, 그럴수록 지역사회에서는 데이롱을 반긴다. 특히 아파트 주민분들이나 동네 오며 가며 이용하는 슬세권 손님들이 매우 반겨 주신다. 경영주님이 이벤트를 진행할 때 수시로 지역 커뮤니티에 광고를 올리면 홍보 효과가 매우 높다.

각종 이벤트와
고객 맞춤 매장 관리

데이롱카페 매장 경영주님은 해당 매장 상황에 맞게 이벤트를 진행할 수 있다. 본사에서는 매출을 진작을 위한 각종 이벤트를 적극 독려하고 있다. 이와 더불어 경영주님의 판단과 선택에 따라 매장에 여러 가지 소품이나 장비를 구축하고 추가 시설(공간)을 만들 수 있다. 이는 많은 고객분들이 매장을 찾게 함으로써 매출을 향상에 이바지하고 있다.

"5월 27일까지 단골고객 등록하신 모든 분들 중 30의 배수 번째 등록 회원님들께 '모든 음료 무료쿠폰'을 보내드릴게요~ 많은 분들 참여 부탁드립니다."

데이롱카페 과천 별양점 오픈 한달 기념 이벤트다. 흥미롭게 30배

수 번째 단골 회원에게 무료 이벤트를 진행하고 있다. 이는 매장의 경영주님의 자율적인 권한으로 진행하는 이벤트이다. 데이롱카페는 기본적으로 전국 모든 매장이 동일하게 단골고객에게는 10잔 구매 시 1잔 무료, 생일 때 1잔 무료, 페이스 페이 3만원 이상 충전시 추가 충전금액 혜택을 제공해주고 있다. 매장 경영주님은 이것에 그치지 않고 해당 매장의 고객관리 차원에서 각종 혜택을 주는 이벤트를 진행할 수 있다.

그래서 고객분들은 이런 피드백을 많이 주신다.

"데이롱카페는 이벤트의 천국입니다."

"데이롱카페는 고객 혜택이 너무 많네요."

무인매장이라는 곳에서 이벤트를 진행하게 되면 고객님들은 신선하게 느끼며 자주 이용하게 된다. 고객에게 혜택을 주는 이벤트 마케팅의 효과는 3가지이다. 첫째, 신규 고객을 유치하는 데 큰 도움이 되는데 업종에 상관없이 거의 모든 매장이 오픈할 때 이벤트를 진행한다. 이때 무료 쿠폰 등을 받은 고객은 해당 점포의 고객이 될 가능성이 높다. 둘째, 아무런 혜택이 없는 것보다는 일정한 혜택을 주는 것이 단골고객 확보에 유리하다. 혜택이 있기 때문에 고객들은 단골 회원에 등록을 하는 경향이 있다. 셋째, 이벤트의 경품을 얻고자 고객들이 매장을 많이 방문하므로 매출이 상승하게 된다.

고객 만족과 함께 매장 홍보에 효과적인 이벤트로는 '# 해시태그 이벤트'가 있다. 고객이 자신의 SNS 계정에 방문한 데이롱카페 매장 사진을 올린 인증 샷을 점주에게 보내주면, 점주가 고객에게 무료 쿠폰을 지급하는 방식이다. 젊은 분들일수록 # 해시태그 이벤트에 대한 참여가 뜨겁다. 고객이 자신의 인스트그램, 블로그 등에 신기하면서 예쁜 무인카페 사진을 올릴 수 있는 이점이 있기 때문이다. 특히나 데이롱카페 매장의 조명이 은은하게 고급스럽게 연출되는 간접조명과 조명의 조도 때문에 세련된 분위기를 연출하는 사진을 찍을 수 있다. 웬만한 유인카페 인테리어와 견주어도 손색이 없는 데이롱카페이기에 고객들은 자신의 계정에 매장 사진을 올리는 것을 매우 좋아하는 편이다.

"와, 프린트기가 있네."

데이롱카페 정릉 국민대점을 찾은 대학생의 반응이다. 새벽 시간에 급히 과제물을 출력해서 수정을 해놔야 하는데 근처 프린트 가게는 문을 닫았다. 그런데 친구로부터 데이롱카페에 가면 프린트를 할 수 있다는 말을 듣고 그곳을 방문했다. 이는 해당 매장 경영주님이 주 고객인 대학생들의 편의를 많이 봐주는 방편이었다. 새벽에 프린트기를 이용하는 고객은 당연히 그 매장을 자주 찾게 될 것이 뻔하며, 이때 커피 등 음료와 제과를 구매하게 된다.

인천 간석사거리점 경영주님은 매장 인테리어를 할 때 많은 고민했다. 여느 매장과 다른 색다른 공간을 만들고자 했기 때문이었다. 그 경영주의 측으로 볼 때 인근 주민들이 여러 명 찾아와서 오붓하게 담소를 나눌 미팅룸이 필요할 것으로 여겨졌다. 결국, 의자 6개가 있는 미팅룸을 만들었다. 현재 이는 고객들에게 많은 사람을 받고 있다. 아파트에 사는 주부들과 직장인, 대학생들이 여러 명 찾아와서 회의도 하고, 소소한 레슨도 했다. 비어있는 시간이 없을 정도로 항상 예약 다 차 있다. 이역시 고객 니즈를 충족시켜주었기에 매출에 상당한 도움을 주고 있다.

이 외에도 소소하게 매장 안에서 고객을 배려하는 여러 가지 소품, 장식, 설비를 마련해둘 수 있다. 액자만 하더라도 싸구려로 형식적으로 다는 게 아니다. 고급스럽게 감각적인 액자를 달아 두면 고객들의 눈이 즐거워진다. 이를 비롯해 포스트잇, 게시판, 화분 등을 활용하는 것도 고객들에게 많은 호응을 불러일으킨다. 포스트잇과 게시판은 고객 입장에서 자신의 흔적을 남기는 것이기 때문에 해당 매장에 대한 애정이 갈 수밖에 없다. 화분도 매장의 분위기에 맞게, 주 고객의 취향에 맞는 것으로 매장에 놓아둬서 고객들의 만족을 이끌어낼 수 있다.

경영주님이 청결에 신경을 많이 쓰는 고객을 배려한다면, 공기청정기나 UV 공기 살균기를 비치해둘 수 있다. 이것을 본 고객들은 해당 매장이 정말 청결하다는 인식을 하게 된다. 무인카페라고 해서 청소가 잘 안되어 불결하다는 인식을 완전히 없앨 수 있다. 오히려 유인카페 이상으로 청결하다는 인식을 갖게 됨으로써 해당 매장을 자주 찾게 된다.

이것의 연장선상에서 한 매장에서는 '데이롱카페 매장관리 일일점검표'를 벽에 붙여놓았다. 한달 단위로 작성이 되는데 날짜별로 커피머신, 에이드 머신, 제빙기, 매장 관리 항목에 표시를 해놓고 있다. 이것을 본 고객은 어떤 생각을 할까? 점주가 매일 신경 써서 매장을 방문하여 청결하게 매장과 머신을 관리한다는 것을 확신하게 된다.

데이롱카페 매장 경영주는 재량껏 다양한 이벤트를 진행할 수 있고, 경영주 관점으로 매장을 꾸밀 수 있다. 이는 결국 고객만족을 이끌어내기 때문에 매출 상승에 큰 기여를 하고 있다.

본사의 매장
지원 마케팅

가맹점 사업을 하는 프랜차이즈 본사는 무엇보다 브랜드 마케팅이 중요하다. 본사에서 중심을 잡고 전국 단위의 브랜드 홍보와 광고를 꾸준히 해줘야 가맹점 인지도가 높아진다. 이는 곧 가맹점의 높은 매출로 직결이 된다.

데이롱카페 본사에서도 브랜드 마케팅을 펼치고 있다. 아직까지 생소한 무인카페 업종에서 새롭게 등장한 데이롱카페를 대중에게 많이 알리고자 노력하고 있다. 그 일환으로 현재 진행하는 것이 전국의 메가박스 상영관에서 1년 동안 홍보를 하고 있다. 관객은 어떤 영화를 보든지 간에 데이롱카페 CF 영상을 볼 수밖에 없다.

이외로 CF 광고의 효과를 톡톡히 보고 있다. 인터넷에 올라온 글

가운데 몇 개를 소개한다.

"남친이랑 영화를 보러 갔다가 우연히 데이롱카페를 알게 되었어
요. 무인카페가 있다는 것을 처음 알았네요. 신기하기도 해서 조만간
그곳에 꼭 가보려구요."

"영화 시작 전에 틀어준 광고에서 데이롱카페를 접하게 되었습니
다. 무인카페는 그냥 자판기를 늘어놓은 곳으로만 알았고, 커피 품질도
떨어질 것으로 생각했는데 그렇지 않다고 하더라구요. 가격도 합리적
인데다 인테리어도 고급스럽고 해서 내 생각이 바뀌는 계기가 되었습
니다."

"무인카페라는 것이 이처럼 세련된 공간에서 맛있는 커피를 제공하
는 것이 놀랍네요. 광고를 본 후 우리 동네에 데이롱카페가 있나 검색
을 해봤는데 운 좋게도 근처 공원 입구에 있더라고요. 한번 가보고 싶
네요."

"저는 하루에 두세 잔 커피를 사 먹는 커피매니아인데 매달 커피값
으로 나가는 비용이 만만치 않아요. 그런데 최근에 내가 데이롱카페에
단골로 등록했어요. 커피 맛은 일반 카페랑 견주어도 뒤지지 않은데 가
격이 합리적이고 이벤트도 여러 가지 있어서 매달 나가는 커피값을 많

이 줄이게 되었답니다. 그 데이롱카페를 오늘 영화관 CF광고에서 만날 줄 몰랐네요. 데이롱카페가 잘 나가나 보네요."

데이롱카페 본사에는 이외에도 공식 인스타 계정으로 중심으로 온라인 마케팅을 진행하고 있으며, 향후 인플루언서, 유튜버의 PPL 광고를 추진할 예정이다. 이와 더불어 본사에는 전국 매장을 대상으로 매출이 저조한 매장에 찾아가 이벤트를 진행해주고 있다. 이는 매장의 경영주님들로부터 많은 호응을 받고 있다.

최근, 경기권에 사무직에 다니는 40대 직장인이 추가 현금 흐름을 창출하기 위해 부업으로서 무인카페를 창업했다. 내가 꼼꼼히 임장을 한 후 최적인 입지를 추천해 주었고, 40대 직장인 경영주님은 그곳에서 데이롱카페 문을 열었다. 데이롱카페는 보통 매장 오픈할 때 가격 이벤트와 함께 이쁘게 전단지 4,000부를 제작해서 주변 배후세대에 직접 부착하여 홍보를 같이 도와드리고 있다. 이 매장에도 매장 오픈 이벤트와 전단지 홍보를 성실히 해드렸다.

그 결과 한 두 달간은 신기해서인지 동네 사람들이 발길이 많이 이어졌다. 그런데 점차 고객의 반응이 식어가기 시작해서 매출이 하락했다. 그 경영주님은 사무직 체질이기에 어떻게 해야 할지 방법을 찾지 못했다. 본업인 회사를 그만두고 무인카페 매장에 상주할 수도 없는 노릇이었다.

그러던 차에 내가 그 경영주님에게 전화를 드렸다.

"요즘 매출이 안 좋게 나와서 걱정이 많으시죠?"

"그러지 않아도 요즘 밤에 잠을 자지 못합니다. 걱정이 많습니다."

"본사에서 지원해주는 이벤트가 있는데 이번에 그곳에서 진행할까 합니다. '데이롱이 떴다 단골등록 이벤트'라고 들어보셨지요? 이것을 하고 나면 확연히 고객들 반응이 좋고 매출이 올라갑니다."

본사에는 매출을 끌어올려 주는 전문 인력 슈퍼바이저가 있다. 이 직원이 해당 매장에 내려가 매출 저조의 원인을 분석하고 대책에 대한 조언을 해줄 뿐만 아니라 직접 '단골등록 이벤트'를 진행해준다. 데이롱에는 수없이 많은 온·오프라인 이벤트가 있는데, 가장 효과적인 것이 브랜드와 고객이 직접 대면하는 데이롱카페 단골등록 이벤트라는 것을 확인했다.

이를 진행하는 방법은 크게 2가지가 있다. 하나는 매장에 설치한 보드판에 룰렛을 돌려서 지나가는 사람들이 들어와서 뽑기를 하는 것이고, 또 하나는 뽑기 가방에 들어있는 동그란 뽑기 상품을 뽑는 것이다. 상품은 5만원 적립, 3만원 적립, 1만원 적립, 5천원 적립, 1잔 무료 등이 있고 이 충전 비용은 본사에서 지원한다. 아직 데이롱카페를 이용해보지 않은 행인들이 재밌는 게임을 하면서 무료로 적립도 받고, 데이롱카페의 커피와 음료 맛을 경험하게 된다. 이 이벤트는 소비자의 무인카페 편견을 깨고 재방문 및 지속 구매로 이어질 만큼 호응도가 매우 높다. 이 행사를 할 때면 데이롱카페 매장 내부에 사람들로 바글거린다.

매출이 저조한 그 매장에서 본사 지원 이벤트가 진행되었다. 시간이 흐른 늦은 오후, 행사가 끝나서 본사 직원들이 돌아갈 시간이 되었다. 매장 경영주님이 고맙다면서 본사 직원들 한명 한명의 손을 꼭 잡아주었다.

"혼자 하는 무인카페다 보니 외롭다는 생각이 간혹 들 때가 있었어요. 하지만 오늘 본사 직원들이 찾아서 열심히 판매 독려를 하는 이벤트를 해주시니 눈물이 날 것 같습니다. 그리고 보니 내가 데이롱카페라는 유명 브랜드 회사의 가맹점이라는 것을 잊으면 안될 것 같네요. 가맹점을 늘 신경 써주는 본사의 직원분들이 있다는 것을 잊지 않겠습니다. 여러분이 있어서 참 든든합니다. 앞으로 더욱 분발해서 최선을 다해 매장을 운영해보겠습니다."

데이롱카페를 말한다 9

200개 넘는 점포의 데이터로 성공하는
입지선정 솔루션 제공

운이 좋게도 주변에 무인카페 데이롱카페를 먼저 시작한 지인분들이 계셨습니다. 그분들을 통해서 무인카페 시장에 대해서 알게 되었습니다. 그리고 자연스럽게 지인들이 운영하는 매장을 방문했고 성업을 1년 넘게 지켜보게 되었습니다. 이때 성공할 수 있는 입지를 선정하는 것이 무엇보다 중요하다는 생각을 가지게 되었습니다. 이런 측면에서 데이롱 카페가 장점이 있다고 판단해서 데이롱 카페를 선택하게 되었습니다.

입지선정을 할때 지금 화곡오거리점을 선택을 할 수 있었다는 점이 가장 만족스럽습니다. 데이롱카페는 무인카페를 고려하고 계신 예비 점주님에게 다양한 상권에서 성업 중인 200개 넘는 점포를 통해 축적된 데이터를 바탕으로 성공 할 수 있는 솔루션을 제공해주고 있습니다.

여러 가지 생각들로 결정이 어려우신 예비 점주님이 많으실거라고 생각합니다. 그런 고민들을 데이롱카페와 함께 나눠보시는 것부터 시작해보시길 권유해드립니다. 제 경험상 데이롱카페에서는 좋은 솔루션을 제공할 것이고 이를 통해 예비 점주님께서는 행동할 수 있는 용기를 얻으실 수 있을 것이라고 생각합니다.

화곡오거리점 점주 김현수

사회에 선한 영향력을
끼치고 싶다

짧은 기간에 데이롱카페는 놀랍게 성장해왔다. "남의 잘됨을 축복하라. 그 축복이 메아리처럼 나를 향해 돌아온다"라는 고 이건희 회장님의 명언을 좌우명으로 새기고 있는 나는 '프랜차이즈'업을 남들과 다르게 접근하고 있다. '어떻게 하면 경영주님들이 조금 더 돈을 벌게 할 수 있을까?', '조금이라도 더 많은 사람들이 삶의 질이나 경제적 독립을 위해 한 발짝 나갈 수 있는 시스템이 무엇일까?'라는 생각이 데이롱의 경영 철학이다. 이에 따라 계속해서 '데이롱'이 성장해오고 있다. 이런 가파른 성장세를 감안하여, 3년에서 4년 길어야 5년 이내 프리미엄 무인업계 브랜드 '데이롱'으로 기업공개(IPO)를 목표로 하고 있다.

현재, 많은 분들이 무인업계에서 아직 들어봤을 법한 브랜드가 없다는 것을 알고 있다. 무인업종, 무인시스템, 무인업계 자체가 아직 우리 사회와 대중들에게 생소하며, 부차적인 대체 분야 느낌으로 와닿고 있다. 그래서 무인업계 미래가 불투명하게 보이는 면이 있을 것이다. 하지만 고 정주영 회장님을 비롯한 네이버 이해진 회장님, 스노우폭스 김승호 회장님이 그러셨고, 그 외 자수성가로 성공한 분들의 공통점을 생각해봐야 한다. 그들은 남이 가지 않은 미지의 길 즉, 남이 하기 싫어하거나 힘들어하거나 현실적으로 어렵다고 생각한 분야에서 기업가를 꿈꾸며 본인만의 길을 구축하며 크게 성장했다.

앞으로 사람이 굳이 안 해도 되는 일들은 다 무인시스템과 무인체계로 바뀔 것이라고 확신한다. 따라서 무인업계는 새로운 기업가들의 무대가 될 것이며, 수많은 젊은 기업가들이 쏙쏙 등장할 것이라 본다.

데이롱은 '데이롱카페'로 포트폴리오를 시작했다. 앞으로 점차 다른 업종으로 무인시스템을 입혀서, '무인'하면 '데이롱(무인플랫폼)'이라는 브랜드를 떠올릴 수 있도록 계속해서 전진할 것이다. 이를 통해 MZ세대 창업주로서 내가 50살이 될 전후에는 데이롱을 자산총액 5조 원 이상의 기업으로 성장시키는 것과 함께 자산총액이 국내 총생산액의 일정 부분을 차지하는 상호출자제한 기업집단의 회사로 키우고 싶다. 물론, 지금 기준으로 보면 허무맹랑한 소리라고 들릴 것이다. 하지만 주변에서 내로라하는 성공한 기업가 선배님들은 다 하나같이 목표는 원대하게 잡으라고 했다. 내 목표는 개인 영달의 목적뿐만이 아닌 사회에 선한 영향력을 끼치는 기업가가 되는 것이다.

앞으로 AI 시대와 무인시스템이 도래하면서 세상은 크게 변할 것이다. 이에 따라 데이롱은 프랜차이즈업과 IT기술, 제조업 그리고 브랜딩과 마케팅 등의 영역과 협업하여 대한민국을 대표하는 기업으로 성장시키는 것이 목표이다. 전국 곳곳에 '데이롱'이 있음으로써 많은 분들에게 행복과 힐링, 삶의 에너지를 전해줄 수 있다는 것을 생각하면 가슴이 벅차오른다.

내년(2024년)은 데이롱의 본격적인 도약의 해로 잡았다. 내년까지 450~500호점, 내후년까지 800~1,000호점의 매장확장을 목표로 하고 있다. 그리고 내년 상반기 이후에 카페 말고 추가로 무인과 하이브리드의 결합을 통해서 다른 사업을 새롭게 런칭할 예정이다.

나는 내년 봄 경영전문대학원 입학을 준비하고 있다. 20대부터 법학도의 길을 걸어왔고 법조인의 꿈을 갖고 줄곧 법 공부만 하던 내가 회사 다니면서 부동산 투자와 사업을 시작해서 여기까지 왔다. 사업을 시작하고 기업가로 가는 과정에서 경영 분야에 대한 지식과 네트워크가 많이 부족하다는 것을 깨달았다. 그래서 한층 전문적인 경영인이 되기 위해, 데이롱을 좋은 분들과 함께 더욱더 성장시키기 위해, 그리고 큰 업적을 이루어낸 기업가분의 훌륭한 비즈니스 인사이트(통찰력)을 귀담아듣기 위해 경영전문대학원을 다니기로 했다.

부디, 이 글을 읽는 분들도 '데이롱'과 연결되어 데이롱과 함께 '부의 추월차선'에 동승하기를 진심으로 학수고대해 본다.

헤세의서재

헤세의서재 블로그 https://blog.naver.com/sulguk

기업인, 의사, 컨설턴트, 강사, 프리랜서, 자영업자의 출판 기획안, 출판 아이디어, 원고를 보내주시면 잘 검토해드리겠습니다. 좋은 콘텐츠를 갖고 있지만 원고가 없는 분에게는 책쓰기 코칭 전문 <1등의책쓰기연구소>에서 책쓰기 프로그램에 따라 코칭을 해드리고, 책 출판해드립니다. 자기계발, 경제경영, 병원경영, 재테크, 대화법, 문학, 예술 등 다양한 분야의 책을 출판합니다.

이길 수밖에 없는 무인카페 데이롱

초판 1쇄 발행 2024년 1월 22일

지은이 이동건
펴낸이 고송석
발행처 헤세의서재
주소 서울시 서대문구 북가좌2동 328-1 502호(본사)
　　　서울시 마포구 양화로 64 서교제일빌딩 824호(기획편집부)
전화 0507-1487-4142
이메일 sulguk@naver.com
등록 제2020-000085호(2019년 4월 4일)
ISBN 979-11-93659-00-7(13320)